KB190730

하나님을 사랑하는
그리스도의 제자도

김운길 지음

하나님을 사랑하는 그리스도의 제자도

발 행 일 2025년 1월 31일

지 은 이 김운길

편 집 구부회

발 행 처 도서출판 담아서

주 소 경기도 시흥시 배곧3로 27-8

전 화 0505-338-2009

팩 스 0505-329-2009

계좌번호 농협 301-2274-2009-11 (예금주: 전하영)

등록번호 2021-000013호

ISBN 979-11-94121-08-4(93230)

독자의 의견을 기다립니다.

damaserbooks@naver.com

하나님을 사랑하는
그리스도의 제자도

김 운 길 지음

Tishrei 1, 6457, in Jerusalem

담아서

목차

사기판엔 진실을 말하는 것이 혁명이다.

하나님을 사랑하는 사람들은 진리를 추구하고 죽음을 두려워하지 않는다. 그래서 그들의 증언은 피로 쓴 유서처럼 강렬하다.

성령의 은혜로 눈을 뜨고 나면 기쁘기도 하지만 고통스럽기도 하다. 눈먼 자들의 세상에서 눈을 뜬다는 것은 외로운 길이다. 예수께서 유대교를 바라보며 느끼신 고통을 오늘날 기독교를 바라볼때 비슷하게 느낀다. 길을 잃고 헤매는 유대교를 질책하신 예수께서 길을 잃고 헤매는 기독교라고 해서 예외로 두실까?

예수께서는 사람들에게 자유를 주셨는데 여전히 죄와 교회의 무거운 멍에를 지고 살아가는 기독교인이 많다.

교파도 많고 교단도 많은데 그들의 가르침은 서로 다르고 때로는 모순되기도 한다. 이럴 경우 누군가는 거짓을 말하고 있다.

가톨릭과 개신교는 서로서로 이단이라고 비난한다. 이럴 경우 한쪽이 이단이거나 둘 다 모두 이단일 수는 있어도 둘 다 모두 정통이 될 가능성은 없다.

사실 성경에 기록된 하나님의 말씀에 비추어 보면 자칭 정통이라고 주장하는 모든 교단들이 각각 비성경적인 오류들을 한아름씩 안고 있다. 돌이켜 보면, 유대교도 예수님 앞에서 자기들이 정통이라고 주장했으니까 특별히 새로운 현상이 아니긴 하다.

개혁교회는 중세 때 껍데기를 바꾼 흔적은 있다. 하지만 가톨릭으로부터 물려받은 잘못된 전통 중 일부를 여전히 고수하고 있다. 인간의 전통은 하나님의 구속사를 온전히 반영하지 못하고 결국 진리를 가리게 된다. 대대로 물려받은 엉터리 전통과 신학을 모두 제거하기 전에는 아무리 개혁을 외쳐도 공허한 울림을 벗어날 수 없다.

종교개혁 후, 순종 없는 얄팍한 입술의 고백만으로 하나님 나라에 들어갈 수 있다는 엉터리 믿음 신학이 많은 사람을 그릇된 길로 인도한다. 믿음은 곧 온전한 순종임을 깨닫지 못한 선생들, 곧 거듭나지 못한 소경들이 선생 노릇을 하기 때문이다. 신학교를 졸업하여도 십자가 밑에서 완전한 자기 부인을 거치지 않은 선생들은 결국 소경이나 다름없다.

예수를 주라 고백하는 자칭 그리스도인들은 많지만, 정작 하나님을 사랑하지 않는 그리스도인들이 많다. 약간의 성경 지식은 있으나 정작 하나님을 사랑하는 것이 무엇인지 제대로 알지 못한다. 수십 년간 성당이나 교회에 다니지만 정작 성경에 기록된 하나님의 말씀을 제대로 분별하지 못하는 경우가 허다하다. 왜 그럴까?

성경이 번역되어 있는데도 하나님의 뜻을 바르게 분별하지 못함은 결국 소경이 된 선생들의 탐욕과 어리석은 성도들의 게으름 때문이다.

마지막 심판 날 하나님 앞에 섰을 때, 몰랐다는 변명이 통할 수 있을까? 무지와 게으름은 누구의 책임인가? 예배당을 오래 다녀도 정작 하나님에 대해 무지한 것은 치명적인 어리석음이다! 소경이 소경을 인도한다면 둘 다 구덩이에 빠지는데, 앞자리 소경만 빠지는 것이 아니고 뒤에 따라가는 소경도 함께 빠진다.

> 주께서 대답하여 말씀하시기를 "하늘에 계신 나의 아버지께서 심지 않으신 모든 초목은 뽑힐 것이라.
> 내버려 두라. 그들은 소경이 되어 소경을 인도하는 자들이라. 소경이 소경을 인도하면, 둘 다 구덩이에 빠지리라."고 하시더라.(마 15:13~14)

구덩이에 빠진 뒤 앞자리 소경을 탓할 것인가? 그때는 너무 늦다.

진리도 자비도 없고 하나님에 대한 지식도 없으며, 하나님에 대한 지식의 부족으로 멸망한다는 호세아의 부르짖음을 귀담아들어야 한다. 남 얘기가 아니다.

> 너희 이스라엘 자손들아, 주의 말씀을 들으라. 주께서
> 그 땅의 거민들과 쟁론하시나니 그 땅에는 진리도 자
> 비도 없고 하나님에 대한 지식도 없음이라.(호 4:1)
> 내 백성이 지식의 부족으로 멸망하는도다. 네가 지식을
> 거부하였으므로 나도 또한 너를 거부하리니, 네가 나
> 에게 제사장이 되지 못하리라. 네가 네 하나님의 율법
> 을 잊었으니 나도 또한 네 자녀를 잊어버리리라.
> 그들은 번성할수록 나를 거역하여 범죄하였으니 내가
> 그들의 영광을 수치로 바꾸리라.(호 4:6~7)

너무나 오랫동안 사기가 판을 쳤다. 로마의 기독교 공인 후 본격적으로 시작되었으니, 그 기간이 무려 1600년이 넘는다.

이제 진실을 얘기해 보자. 그게 우리를 고통스럽게 할지라도!

문맥을 파악하라.

성경은 하나님의 역사에 대한 인간들의 신앙 고백이다. 하나님은 무오하시지만, 인간의 기록들은 오류가 있다. 따라서 성경을 읽을 때는 글자를 그대로 맹신하기 전에 글을 쓴 저자와 그 시대 상황 그리고 그것을 나중에 편집한 사람들의 신학적 입장까지도 모두 고려해서 문맥을 바르게 파악해야 한다.

처음에는 구전으로 전해지던 말씀이 어느 순간 기록으로 전환되고 인간들이 아무리 노력하여도 어느 정도는 기록 및 번역의 오류가 있을 수밖에 없다. 따라서, 무작정 맹신하기 전에 전후좌우 상황을 파악하여 하나님의 선하신 참뜻을 파악해야 한다.

성경의 저자들은 다양하다. 개인적 특성도 다양하며 그들이 처했던 시대 상황도 다양하다. 그리고 기록 형태도 다양하다. 어떤 것은 사실을 다루고 있고 어떤 것은 고백을 다루고 있다. 많은 경우 비유와 강조 등 문학적 표현으로 되어 있어서 행간을 읽어내는 훈련을 해야 한다.

그래서 성경은 깊은 묵상이 필요하다. 성령의 비추심으로 하나님의 거룩하심을 깨닫고 나면 성경의 기록은 마치 꿀처럼 달고 묵상할수록 점점 더 깊은 진리를 드러낸다. 그래서 죽을 때까지 성경을 읽어도 날마다 점점 더 즐거워할 수 있다.

더 많이 알 수록 더 많이 보이고 묵상할수록 점점 더 큰 그림을 깨닫게 된다. 개인의 구원이라는 차원을 넘어서서 인류를 구원하시는 하나님의 거대한 청사진 그 신비한 아름다움을 깨닫게 된다.

계명이 곧 사랑이다.

영생에 이르는 믿음에서 무엇이 제일 중요할까? 과연 얄팍한 입술의 고백만으로 하나님 나라에 들어갈 수 있을까? 자기 마음대로 세상을 살다가 죽기 전에 지옥 가는 것이 두려워 예수를 믿는다고 말하고 세례를 받는다면 하나님 나라에 들어갈 수 있을까? 하나님의 심판은 과연 그만큼 만만한 것일까? 십자가의 고통은 그처럼 가벼웠던 것일까?

복음서에 기록된 율법사의 질문과 이에 대한 예수님의 답변을 보자.

> 그런데, 보라, 한 율법사가 일어서서, 주를 시험하여 말씀드리기를 "선생님, 내가 영생을 상속받으려면 어떻게 하여야 하리이까?"라고 하니
> 주께서 그에게 말씀하시기를 "율법에는 무엇이라고 기록되어 있으며 너는 어떻게 읽느냐?"고 하시더라.

그가 대답하여 말씀드리기를 "'너는 네 마음을 다하고, 혼을 다하고, 힘을 다하고, 생각을 다하여 주 너의 하나님을 사랑하라. 또 네 이웃을 네 자신과 같이 사랑하라.'고 하였나이다."라고 하니,

주께서 그에게 말씀하시기를 "네가 옳게 대답하였도다. 이것을 행하라. 그러면 네가 살리라."고 하시더라.

(눅 10:25~28)

하나님을 사랑하고 이웃을 사랑하라는 율법사의 대답에 예수께서 옳다고 인정하셨다. 예수께서 율법사에게 왜 나를 믿으라고 하지 않으셨을까? 예수께서 제자들에게는 자신을 믿으면 영생을 얻는다고 말씀하신 바가 있기 때문이다. 죽은 나사로를 살리기 전에 예수께서 마르다에게 하신 말씀을 보자.

그때 마르다는 예수께서 오신다는 말을 듣고 나가서 주를 맞았으나 마리아는 여전히 집에 앉아 있더라.

마르다가 예수께 말씀드리기를 "주여, 만일 주님께서 여기 계셨더라면 나의 오라비가 죽지 아니하였겠나이다. 그러나 나는 지금이라도 주님께서 무엇이든지 하나님께 구하시면 하나님께서 주님께 주실 줄 아나이다."라고

하니

예수께서 그녀에게 말씀하시기를 "너의 오라비가 다시
　살아나리라."고 하시더라.

마르다가 주께 말씀드리기를 "마지막 날에 부활로 그가
　다시 살아날 줄을 내가 아나이다."라고 하니

예수께서 그녀에게 말씀하시기를 "나는 부활이요, 생명
　이니 나를 믿는 자는 죽어도 살 것이며

또 살아서 나를 믿는 자는 누구나 영원히 죽지 아니하리
　라. 네가 이것을 믿느냐?"고 하시니

그녀가 주께 말씀드리기를 "예, 주여, 나는 주께서 세상
　에 오실 그 그리스도, 곧 하나님의 아들이심을 믿나이
　다."라고 하더라.(요 11:20~27)

영생에 대한 예수님의 대답이 율법사와 마르다에게 각각
다르게 제시되고 있음을 주목하자.

두 가지 가능성이 있다. 영생에 이르는 길이 두 가지 있거
나 아니면 같은 말씀인 것이다. 예수께서 두 가지 길을 제시
했을 리는 만무하니, 결국 예수를 믿는다는 것은 하나님을 사
랑하고 이웃을 사랑하는 것이라는 결론에 이르게 된다.

그렇다면 하나님을 사랑하는 것은 무엇인가? 일요일에
교회에 나가고 십일조와 헌금을 열심히 내고 적당히 봉사를

하면 하나님을 사랑하는 것인가? 하나님을 사랑한다고 말로 외치면 그게 하나님을 사랑하는 것인가? 성경에는 하나님을 사랑하는 것이 무엇이라고 기록되어 있을까?

먼저 하나님께서 친히 돌판에 쓰신 십계명에 기록된 내용을 보자.

> 나를 사랑하고 나의 계명들을 지키는 자들**에게는 수천 대까지 자비를 베푸느니라.**(출 20:6)

여기에서 주목할 것은 하나님을 사랑하고 하나님의 계명들을 지키는 것이 함께 나온다. 고대 히브리인들은 같은 내용을 반복해서 다르게 표현하는 병행법을 쓰는데 이 경우가 그러하다. 그래서 하나님을 사랑하는 것은 곧 하나님의 계명들을 지키는 것이 된다. 그것은 신약에 기록된 사도들의 가르침으로 확인할 수 있다.

> **우리가** 하나님을 사랑하고 그의 계명들을 지키면 **이것으로 우리가 하나님의 자녀들을 사랑함을 아느니라.** 하나님을 사랑하는 것이 이것이니, 곧 우리가 그의 계명들을 지키는 것이라. **그의 계명들은 무거운 것이 아니니라.**(요일 5:2~3)

하나님을 사랑하는 것은 하나님의 계명들을 지키는 것이고, 하나님의 계명들을 지키는 것이 곧 하나님의 자녀들을 사랑하는 것 즉 이웃을 사랑하는 것과 같은 것이라는 말이다. 계명은 곧 사랑이다!

어떤 소경 된 선생들은 그리스도의 십자가로 율법이 폐지되었다고 주장하며 계명의 중요성을 간과하고 있다. 그들은 계명이 율법안에 포함되어 있으니, 계명의 폐지까지 주장한다. 하지만, 과연 그럴까? 사도 바울이 말한 율법은 과연 계명을 의미하는 것일까? 아니면 할례와 복잡한 정결 규례를 의미하는 것일까?

> 오직 각 사람은 하나님께서 나눠 주신 대로, 각 사람은 주께서 부르신 대로 그대로 행하라. 내가 모든 교회에도 그렇게 지시하노라.
> 할례를 받은 후에 부르심을 받은 사람이 있느냐? 그는 무할례자가 되지 말라. 무할례시에 부르심을 받은 사람이 있느냐? 그는 할례를 받지 말라.
> 할례를 받는 것도 아무것도 아니며 할례를 받지 아니하는 것도 아무것도 아니로되 오직 하나님의 계명들을 지킬 것이니라.(고전 7:17~19)

율법의 폐지가 계명도 포함된 것이라면, 마지막에 오직 하나님의 계명들을 지킬 것이니라라는 가르침은 모순되는 것이 아닌가? 사도 바울의 이 가르침을 바르게 이해하려면 초기 기독교의 상황을 이해해야 한다.

예수님의 승천 후, 기독교 태동기에는 크게 두 가지 흐름이 있었다. 하나는 예루살렘 교회 야고보를 필두로 한 유대인 그리스도인들로서 그들은 모세의 할례를 주장하였다. 다른 하나는 헬라인 그리스도인들로서 모세의 할례를 불필요한 것으로 인식했다. 그리고 그들 사이에는 할례를 둘러싼 큰 다툼이 있었다. 이러한 사정들은 모두 사도행전에 기록되어 있으나 결론만 요약하면 바울의 주장대로 결국 헬라인 그리스도인들이 주도권을 잡게 되었고, 이는 기독교의 세계화에 가장 큰 역할을 하게 된다.

이런 와중에 사도 바울이 주장한 율법의 폐지는 할례와 율법주의를 의미하는 것이지 결코 계명의 폐지가 아님을 알 수 있다. 계명은 곧 사랑이므로 계명의 폐지는 곧 사랑의 폐지가 되고, 이는 그리스도의 가르침과 정면으로 배치되는 것이기 때문이다.

계명은 하나님을 사랑하고 이웃을 사랑하는 경계선이다. 곧 공의에 바탕을 둔 진정한 사랑을 이룰 수 있는 형식적인 틀이 된다. 이러한 형식적인 틀이 무너지는 순간 사랑도 함께 무너진다. 불효하고 살인하고 간음하고 도둑질하고 거짓으로 이웃을 괴롭히고 남의 것을 탐내면서 사랑을 이룰 수 있겠는가? 우상 숭배 즉 탐심으로 가득한 상태에서 하나님을 최우선으로 사랑할 수 있겠는가? 불가능하다. 그래서 예수께서 계명이 곧 영생이라고 말씀하셨다.

> **이는 내가 스스로 말한 것이 아니고 나를 보내신 아버지께서 내가 말할 것과 이를 것을 명하셨음이니**
> 나는 그분의 계명이 영생임을 아노라. **그러므로 내가 말하는 것은 무엇이나 아버지께서 나에게 말씀하신 것을 그대로 이르는 것이라."고 하시더라.**
> (요 12:49~50)

결국 계명은 공의로운 사랑을 이루는 뼈대와 같다. 계명의 틀을 벗어난 사랑은 모두 이기적인 자기 사랑에 불과하다. 혼자 사는 것이 아니고 사회를 이루어 함께 살아야 하는 인간 사회에서 평화를 유지하기 위한 최소한의 버팀목이다.

물론 외형적으로 계명을 지키면서 속으로는 사랑이 없는 경우가 있을 수 있다. 유대교 성직자들이 그러한 모습을 보였으며, 그런 모습을 예수님은 위선이라고 질책하셨다. 위선은 나쁘다. 하지만 계명을 어기는 것은 본질적으로 틀린 것이다.

예수님은 계명 안에 거하셨고 그래서 하나님의 사랑 안에 거하셨다.

> 내가 나의 아버지의 계명들을 지켜서 그분의 사랑 안에 거하는 것같이 **너희도 나의 계명들을 지키면 나의 사랑 안에 거하리라.**(요 15:10)

예수님의 계명이 하나님의 계명 밖으로 나갈 수 없으니, 예수님의 사랑 계명을 순종하려면 하나님의 계명이라는 틀을 벗어날 수 없게 된다. 결국 예수님의 사랑 계명은 하나님의 계명과 같고, 예수님은 계명의 본질이 사랑임을 확인해 주셨다. 유대교 성직자들이 사랑 없이 형식에만 집착하고 있었기 때문에 이를 질책하신 것이지, 결코 계명을 가볍게 취급하신 것이 아니다. 계명이 곧 사랑이므로 예수님의 사랑 계명을 순종하려면 결국 하나님의 계명을 지켜야 한다는 결론에 이르게 된다.

그러면 언제부터 계명을 순종해야 하는 것일까? 최후 심판 후에 하나님 나라에 들어가서부터 지키면 되는 것일까? 지금 살아 있을 때는 "오직 믿음으로!"라는 구호에 붙들려 적당히 살고 죽어서 계명을 순종하면 안 될까?

안에서 새는 바가지는 밖에 나가서도 샌다. 살아서 순종하지 않으면 하나님 나라에 들어가서도 순종할 수 없다. 예수님의 경고가 그러하다.

> **내가 율법이나 선지서들을 폐기하러 온 줄로 생각하지 말라. 폐기하러 온 것이 아니라 이루려고 왔노라.**
> **진실로 내가 너희에게 말하노니, 하늘과 땅이 없어지기 전에는 율법의 일점 일획도 모든 것이 이루어질 때까지 결코 없어지지 아니하리라.**
> **그러므로 누구든지 이 계명들 중에서 지극히 작은 것 하나라도 범하고 그렇게 가르치는 사람은 천국에서 가장 작은 사람이라 불릴 것이요, 누구든지 계명들을 행하고 가르치는 사람은 천국에서 큰 사람이라 불릴 것이라.**
> **내가 너희에게 말하노니, 너희의 의가 서기관들과 바리새인들의 의보다 뛰어나지 못하면 결코 천국에 들어가지 못하리라.** (마 5:17~20)

서기관들과 바리새인들은 본질보다 형식을 더 중요하게 여겼으나 그리스도의 제자들은 형식과 본질을 온전히 순종해야 하나님 나라에 들어갈 수 있다는 경고이다. 하물며 형식조차 갖추지 못한다면 어떻게 하나님 나라에 들어갈 수 있겠는가?

예수께서는 천국에 들어가서부터 계명을 지키라고 말씀하지 않으셨다. 그분의 가르침을 접한 순간 즉 지금 당장 하나님의 계명에 순종하고 그것이 죽을 때까지 반복될 때 영생의 길이 시작된다. 결국 계명을 지키는 삶이 곧 영생의 삶으로 이어지는 출발점이 되며, 예수를 영접하게 되면 그분을 따라 하나님의 계명을 사랑하고 순종하게 됨을 의미한다.

예수를 믿는다는 것은 자기를 부인하고 그분의 말씀에 순종하는 것인데, 성령의 은혜로 자기를 완전히 부인하게 되면 성령님의 인도하심을 따라 계명을 순종하게 된다. 따라서 성령의 인치심을 받은 자들은 모두 하나님을 경외하며 계명 속에 숨겨진 사랑을 깨닫게 된다. 그렇지 않다면 아무리 자기가 성령을 받았다고 주장한들 모두 자기 기만에 불과하다.

계명을 가볍게 여기고 얄팍한 입술의 고백을 우선시하는 선생들은 순종 없는 천국행을 주장하는 거짓 선생들이다. 진짜 믿음은 하나님에 대한 경외심 그리고 그분의 뜻에 대한 온전한 순종 특히 계명에 대한 순종을 기반으로 한다.

이는 그들이 사람의 영광을 하나님의 영광보다 더 사랑
  하였음이더라.
그러나 예수께서 외쳐 말씀하시기를 "나를 믿는 사람은
  나를 믿는 것이 아니라 나를 보내신 분을 믿는 것이라.
또 나를 보는 사람은 나를 보내신 분을 보는 것이라.
나는 빛으로 세상에 왔나니, 누구든지 나를 믿는 사람은
  어두움에 거하지 않게 하려 함이라.
만일 누가 내 말을 듣고 믿지 아니한다 하여도 나는 그
  를 심판하지 아니하노니, 이는 내가 세상을 심판하러
  온 것이 아니고 세상을 구원하러 왔기 때문이라.
나를 거절하고 내 말들을 받아들이지 아니하는 자는 그
  를 심판할 이가 있으니, 곧 내가 말한 그 말이 그를 마
  지막 날에 심판하리라.
이는 내가 스스로 말한 것이 아니고 나를 보내신 아버지
  께서 내가 말할 것과 이를 것을 명하셨음이니
나는 그분의 계명이 영생임을 아노라. 그러므로 내
  가 말하는 것은 무엇이나 아버지께서 나에게 말
  씀하신 것을 그대로 이르는 것이라."고 하시더라.
  (요 12:43~50)

예수께서는 하나님의 계명이 곧 영생이라고 정의하셨다. 따라서 예수를 믿는다고 하면서 하나님의 계명을 사랑하고 순종하지 않는 것은 진리를 믿는 것이 아니고 그냥 자기가 믿고 싶은 대로 믿는 것이다.

예수님의 가르침을 순종하지 않고 자기가 믿고 싶은 대로 행하는 경우 모래 위에 성을 쌓고 있다는 주님의 경고를 보라.

나에게 '주여, 주여.' 하고 부르는 자마다 다 천국에 들어가는 것이 아니요, 하늘에 계신 나의 아버지의 뜻을 행하는 자라야 되느니라.

그 날에 많은 사람들이 나에게 '주여, 주여, 우리가 주의 이름으로 예언하지 아니하였으며, 주의 이름으로 마귀들을 쫓아내지 아니하였으며, 주의 이름으로 많은 경이로운 일들을 행하지 아니하였나이까?'라고 말하리니,

그때 내가 그들에게 분명히 말하되 '나는 너희를 전혀 알지 못하니, 너희 불법을 행하는 자들아, 내게서 떠나가라.'고 하리라.

그러므로 누구든지 나의 이 말들을 듣고 행하는 사람은 자기 집을 반석 위에 지은 현명한 사람과 같다 하리니

비가 내리고 홍수가 나며 바람이 불어 그 집에 들이쳐도
  무너지지 아니하는 것은 그 집이 반석 위에 세워졌음
  이요,
나의 이 말들을 듣고 행하지 않는 자는 누구나 자기 집
  을 모래 위에 지은 어리석은 사람과 같으리니
비가 내리고 홍수가 나며 바람이 불어 그 집에 들이
  치면 무너지되 그 무너짐이 극심하리라." 하시더라.
  (마 7:21~27)

증거궤와 계명

하나님께서 친히 돌판 위에 쓰신 계명은 모세의 증거궤 안에 안치된다. 그리고 그 증거궤는 성막의 지성소 안에 있고 그 지성소는 하나님의 영광 즉 쉐키나로 가득하여 대제사장 외에는 출입이 불가하였다. 그나마도 대제사장은 일 년에 한 번 대속죄일인 욤키푸르에 민족 전체의 속죄를 위하여 지성소에 들어갈 수 있었다.

증거궤 안에 왜 십계명 돌판을 두었을까? 돌판이 중요했을까? 그렇지는 않을 것이다. 돌은 그냥 돌이기 때문이다. 중요한 것은 돌판에 새겨진 말씀 즉 계명이다. 그래서 증거궤 안에는 생명의 말씀인 계명이 하나님의 증거로 자리하게 된다. 솔로몬이 성전을 완공한 뒤, 증거궤와 관련된 열왕기 기록을 보자.

솔로몬왕과 그에게 모인 이스라엘의 온 회중이 그와 함
께 궤 앞에 있어 양들과 수소들로 제사를 드렸는데 그
수가 많아 말로 할 수도, 셀 수도 없더라.
제사장들이 주의 언약궤를 그 자리로 들여갔으니 전의
지성소 안이요, 지극히 거룩한 곳, 즉 그룹들의 날개
아래로 들여갔더라.
그룹들이 궤의 자리 위로 그들의 두 날개를 폈는데 그룹
들이 궤와 그 채 위를 덮었고
그들이 그 채들을 뽑아 내니 채의 끝이 지성소 앞 성소
에서는 보이나 밖에서는 보이지 않으며, 그 채들이 오
늘날까지 거기 있더라.
그 궤 안에는 두 돌판 외에 아무것도 없었으니 그것들은
이스라엘 자손이 이집트 땅에서 나온 후에 주께서 그
들과 언약을 맺으실 때 모세가 호렙에서 거기에 넣은
것이더라.(왕상 8:5~9)

역대기에는 다음과 같이 기록되어 있다.

또 솔로몬왕과 궤 앞으로 왕에게 모인 이스라엘의 온 회
중이 양과 수소로 제사를 드렸는데 그 수가 많아 말로
할 수도 없고 헤아릴 수도 없더라.

제사장들이 주의 언약궤를 그 자리로 들여갔으니 전의
　　지성소요, 지극히 거룩한 곳, 즉 그룹들의 날개 아래라.
그룹들이 궤의 자리 위에 날개를 펼쳐서 궤와 그 채들
　　위를 덮더라.
그들이 궤의 채들을 뽑아 냈으니 채의 끝이 지성소 앞
　　궤에서 보였으나 그 채들이 밖에서는 보이지 아니하
　　였으며 그것이 오늘날까지 거기 있더라.
그 궤에는 모세가 호렙에서 넣은 두 돌판 외에는 아무것
　　도 없었으니 그것은 그들이 이집트에서 나왔을 때 주
　　께서 이스라엘 자손과 언약을 맺으실 때에 넣은 것이
　　라.(대하 5:6~10)

비판적 사고 없이 성경을 맹신하는 어떤 기독교 선생들
은 증거궤 안에 십계명 돌판 외에 아론의 싹 난 지팡이와 만
나 항아리도 들어있었다고 주장한다. 그 주장의 근거는 신
약성경 히브리서이다.

두 번째 휘장 뒷부분은 지성소라 불리는 성막인데
거기에는 금향로와 전체를 금으로 싼 언약궤가 있었고,
　　그 안에는 만나를 담은 금항아리와 아론의 싹난 지팡
　　이와 언약의 돌판들이 있었더라.

또 그 위에는 자비석을 덮는 영광의 그룹들이 있었는
데, 이것들에 관해서는 지금 낱낱이 말할 수 없노
라.(히 9:3~5)

열왕기/역대기의 기록과 히브리서의 기록은 일치하지
않는다. 무엇이 진실일까?

이런 경우에는 직접 실험을 해보면 된다. 먼저 성경의 기
록에 따라 증거궤 모형을 만들어보자.

그들은 싯팀 나무로 궤를 만들지니, 즉 그 길이가 이 큐
빗 반, 그 너비가 일 큐빗 반, 그 높이가 일 큐빗 반이
되게 하고(출 25:10)

여기에 기록된 내용을 현재 사용하는 단위로 환산하면
112.5 x 67.5 x 67.5 센티미터인 상자가 된다. 직접 한번 만
들어 보면 그 안에 과연 아론의 지팡이가 들어갈 수 있는지
단번에 알 수 있다.

증거궤가 허용할 수 있는 지팡이의 최대 길이는 148.44
센티미터이다. 만나 항아리와 함께 둔다면 길이는 더 짧아
져야 한다. 112.5 센티미터보다 짧아야 가능하다. 아론의 지
팡이가 접을 수 있는 등산스틱이 아닌 이상 증거궤 안에 들

어갈 수는 없다.

그렇다면 어떻게 된 것일까? 성경은 일점일획도 틀리지 않은 기록이라면서?

성경은 하나님에 대한 신앙의 고백이므로 인간의 오류가 당연하다는 것을 인식해야 비판적 성경 읽기가 가능해진다. 히브리서를 기록한 사람이 무지했거나 번역에 오류가 있었다.

만나 항아리와 아론의 지팡이와 관련된 구약의 기록을 보자.

> 모세가 아론에게 말하기를 "항아리를 가져다가 그 속에
> 만나 한 오멜을 가득 채워서 주 앞에 두고 너희 후대를
> 위해 간수하게 하라." 하니
> 주께서 모세에게 명령하신 대로 아론이 그것을 증거판
> 앞에 두어 간수케 하니라.(출 16:33~34)

만나 항아리는 주 앞에, 증거판 앞에 두라고 하였다. 그래서 어떤 사람들은 증거궤 안에 돌판을 세워두고 그 앞에 항아리를 둔 것으로 이해한다.

하지만 돌판을 세워두고 항아리를 그 앞에 둔 경우 이동할 때 돌판이나 항아리는 서로 부딪혀서 깨지게 된다. 따라

서 이 경우 주 앞에 또는 증거판 앞에라는 표현은 증거판이 안치된 증거궤 앞으로 이해해야 한다.

돌판은 증거궤 안에 반듯하게 눕힌 상태로 두었다. 그래서 증거궤의 가로 길이가 두 큐빗 반이다. 가로세로 한 큐빗인 돌판 두 개를 겹치지 않고 반듯하게 눕히려면 가로는 두 큐빗 반, 세로는 한 큐빗 반이 필요하기 때문이다. 그게 바로 증거궤의 바닥 면적이다.

아론의 지팡이와 관련해서는 더 명확하게 기록되어 있다.

> **주께서 또 모세에게 말씀하시기를** "아론의 막대기를 다시 증거궤 앞으로 가져다가 **반역한 자들에 대한 표식으로 간직하여 너는 그들의 불평을 내게로부터 아주 제거하여서 그들로 죽지 않게 하라.**"하시니라. (민 17:10)

구약에 따르면 증거궤 안에는 십계명 돌판만 존재했었다. 그것이 유일한 영생의 말씀이기 때문에!

그런데도 저자도 불분명한 히브리서 기록을 계속 맹신하고 싶거든 적어도 한번은 직접 판자로라도 증거궤 모형을 만들고 거기에 돌판, 항아리, 지팡이를 넣어보라.

히브리서를 폄훼하자는 것이 아니다. 성경 문자주의의
폐해를 지적하는 것이다. 신앙은 상식을 초월하지만 몰상
식해서는 곤란하다. 성경 문자주의에 빠진 몰상식한 신앙
은 세상 사람들로부터 조롱을 받고 결국 하나님께도 누가
된다. 기적은 하나님의 영광을 드러내지만 몰상식한 맹신은
비웃음을 살 뿐이다.

계시록에도 언급된 계명

계명과 관련하여 계시록에서는 중요한 선언문을 찾아볼 수 있다. 먼저 환난의 시대에 고난받는 성도들에 관한 말씀이다.

> 셋째 천사가 그들을 따라가며 큰 음성으로 말하기를 "누구든지 그 짐승과 그의 형상에게 경배하고 그의 표를 자기 이마나 손에 받는다면
> 그 역시 하나님의 진노의 포도주를 마시게 되리니, 그것은 그의 진노의 잔에 혼합하지 않고 부은 것이니라. 또 그 사람은 거룩한 천사들의 면전과 어린양의 면전에서 불과 유황으로 고통을 받으리니,
> 그 고통의 연기가 영원무궁토록 올라가리라. 그 짐승과 그의 형상에게 경배하고 그의 이름의 표를 받는 자는 누구든지 밤낮 쉼을 얻지 못하리라

여기에 성도들의 인내가 있으며 여기에 하나님의 계명
들과 예수의 믿음을 지키는 자들이 있느니라."고 하더
라.(계 14:9~12)

환난의 시대에 진정한 성도의 모습은 하나님의 계명들과
예수의 믿음을 지키는 자들이라고 선언한다. 세상 사람들이
자기를 사랑하여 돈과 쾌락에 물들 때 예수를 믿는 사람들
은 경건하게 하나님의 계명을 순종하는 사람들임을 밝히고
있다.

계시록 22장에는 특이한 성경 구절이 나온다. 먼저 개역
개정의 번역을 보자.

자기 두루마기를 빠는 자들은 복이 있으니 이는 그들이
생명나무에 나아가며 문들을 통하여 성에 들어갈 권
세를 받으려 함이로다.
개들과 점술가들과 음행하는 자들과 살인자들과 우상
숭배자들과 및 거짓말을 좋아하며 지어내는 자는 다
성 밖에 있으리라.(개역개정, 계 22:14~15)

한글 킹제임스성경의 번역은 다음과 같다.

그의 계명들을 행하는 자들은 복이 있나니, 이는 그들이
  생명 나무에 대한 권리를 가지며 또 그 문들을 통하여
  도성 안으로 들어가게 하려 함이니라.
그러나 개들과 마술사들과 음행자들과 살인자들과 우상
  숭배자들과 누구든지 거짓말을 즐겨 행하는 자는 모
  두 다 바깥에 있으리라.(한글 킹제임스, 계 22:14~15)

계22:14절을 개역 개정에서는 자기 두루마기를 빠는 자
들이라고 번역하였고, 한글 킹제임스성경에서는 그의 계명
들을 행하는 자들이라고 번역하였다. 다시 말해 두루마기를
빠는 자들은 곧 하나님의 계명들을 지키는 자들이라는 말씀
과 동일하다. 그다음 15절에 등장하는 자격 없는 자들은 모
두 계명을 어기는 자들임을 알 수 있다. 그런데 그 자격이라
는 것이 무엇인가? 바로 생명나무에 나아가고 거룩한 도성
에 들어갈 권세이다. 다시 말해서 계명을 지키는 것이 영생
의 길임을 확인하고 있다.
  두루마기를 빠는 것 곧 계명을 지키는 것이 중요한 것은
예수님의 혼인 잔치 비유에서도 찾아볼 수 있다.

또 예수께서 대답하여 그들에게 다시 비유로 일러, 말씀
  하시기를

"천국은 마치 자기 아들을 혼인시킨 어떤 왕과 같으니

왕이 혼인 잔치에 초대받은 사람들을 불러오라고 자기
  종들을 보냈으나 그 사람들은 오려고 하지 아니하였
  느니라.

다시 그가 다른 종들을 보내면서 말하기를 '초대받은 자
  들에게 말하라. 보라, 내가 만찬을 준비하였고, 내 소
  와 살진 짐승을 잡았으며, 또 모든 것이 준비되었으니
  혼인식에 오라 하라.'고 일렀느니라.

그러나 그들은 개의치 아니하고 어떤 사람은 자기 밭으
  로, 또 어떤 사람은 장사하러 갔으며

남은 자들은 그 종들을 붙잡아 모욕을 주고 죽였느니라.

왕이 이 말을 듣고 분노하여 자기 군대를 보내어 그 살
  인자들을 죽이고 그들의 성읍을 불살라 버렸느니라.

그리고 나서 자기 종들에게 말하기를 '혼인 잔치는 마련
  되었으나 초대받은 사람들은 합당치 않도다.

그러므로 너희는 대로로 나가서 사람들을 만나는 대로
  전부 혼인식에 청해 오라.'고 하였더니

종들이 대로에 나가서, 악하거나 선하거나 만나는 대로
  다 불러오니, 그 혼인 잔치가 손님들로 가득 찼느니라.

왕이 손님들을 보러 들어가서, 거기에 예복을 입지 않은
한 사람을 보고

그에게 말하기를 '친구여, 그대는 어찌하여 예복도 입지
않고 여기에 들어왔는가?'라고 하니, 그가 아무 말도
없었느니라.

그러자 왕이 종들에게 말하기를 '그 사람의 손과 발을
묶어서 데리고 나가 바깥 흑암에 내어 던지라. 거기서
울며 이를 갈고 있으리라.'고 하였느니라.

부름을 받은 사람들은 많아도 택함을 받은 사람들은 적
으니라."고 하시니라.(마 22:1~14)

운이 좋아서 혼인 잔치에 참여하기는 했으나 많은 사람
들이 예복을 입지 않아서 쫓겨나게 된다.

혼인 잔치에 참여할 때 예복을 입는다는 것은 무엇을 의
미하는 것일까? 그것은 믿음으로 성령의 선한 열매를 맺는
것인데 계명을 순종할 때만 가능한 일이다. 이런저런 이유
로 예배당을 다니지만 정작 예복을 입는 것, 두루마리를 빠
는 것 즉 계명을 순종하여 성령의 열매를 맺지 못하면 최후
심판대 앞에서 하나님의 인정을 받을 수 없다는 경고이다.

그다음 말씀이 더 무섭다. 부름을 받은 사람들은 많아도
택함을 받은 사람들은 적으니라! 교회나 성당을 다니지만,

예복을 제대로 갖춰 입은 사람들은 적다는 경고이다. 평생을 예배당에 다녀도 계명이 곧 사랑이며 영생의 말씀인 것을 깨닫지 못하는 사람이 많다. 소경이 소경을 인도하기 때문이다.

하나님의 말씀은 사람이 바꿀 수 없다.

로마의 기독교 공인 후, 어느 순간부터 가톨릭과 개신교는 하나님의 계명을 온전히 순종하지 않는다. 가장 대표적인 것이 안식일 대신 일요일을 주일로 생각하는 것이다. 하나님의 말씀은 인간의 전통으로 변경할 수 없다는 주님의 경고를 보라!

주께서 그들에게 대답하여 말씀하시기를 "너희 위선자들에 관하여 이사야가 잘 예언하였도다. 기록된 바와 같으니 '이 백성이 입술로는 나를 공경하여도 그들의 마음은 내게서 멀도다.

그러면서도 사람들의 계명들을 교리들로 가르치니, 그들이 나를 헛되이 경배하는도다.'

너희가 하나님의 계명을 버리고 사람들의 전통을 지키니, 단지와 잔을 물로 씻는 것과 이와 같은 여러 가지 다른 일을 자행하는도다."라고 하시니라.

또 주께서 그들에게 말씀하시기를 "너희 자신의 전통
을 지키기 위해 너희가 하나님의 계명은 쉬 버리는도
다.(막 7:6~9)
너희는 너희가 전수한 너희의 전통으로 하나님의 말씀
을 폐기하느니라. 또 이와 같은 많은 일을 자행하고 있
도다."라고 하시더라.(막 7:13)

일요일은 그냥 일요일이며, 인간의 전통으로 주일이라고
주장한들, 최후 심판대 앞에서는 모두 부인당할 것이다. 왜
냐하면 하나님은 안식일을 폐하시거나 변경하신 적이 없기
때문이다. 안식일은 태초에 하나님께서 거룩하게 하신 유일
한 날임을 창세기에서 확인할 수 있다.

그리하여 하늘들과 땅이 완성되었고, 하늘들의 모든 군
상들도 그러하니라.
일곱째 날에 하나님께서 자신이 만드시던 자신의 일을
끝내시고 자신이 만드시던 자신의 모든 일로부터 일
곱째 날에 쉬시니라.
하나님께서 일곱째 날을 복 주시고 그것을 거룩하게 하
셨으니, 이는 그 날에 하나님께서 창조하시고 지으신
그의 모든 일로부터 쉬셨음이라.(창 2:1~3)

로마의 기독교 공인 후 하나님의 진리를 훼방하는 세 가지 큰 흐름이 있는데, 첫째는 육체와 영혼을 분리해서 생각하는 이원론이요, 둘째는 여신 숭배 사상을 받아들인 마리아 숭배요, 셋째는 태양교의 흔적을 받아들인 엉터리 절기들 즉 일요일, 부활절, 크리스마스 등이다. 엉터리 절기들의 위험성은 그것들이 하나님의 역사 즉 구속사를 가리고 있다는 것이고, 그 결과 그리스도의 재림과 관련된 진리를 깨닫지 못하게 된다.

재림의 진리를 망각하고 나면 이원론에 따라 죽어서 영혼이 천국에 간다는 근거 없는 주장을 하게 된다. 만약 죽어서 영혼이 천국에 간다면, 예수님의 재림 시 약속한 육체의 부활은 어떻게 되는가?

죽어서 그 영혼이 천국에 간다는 주장은 예수께서 약속하신 부활을 부정하는 엉터리 가르침이다.

사람은 죽으면 어떻게 되는가?

　육체와 영혼을 분리해서 생각하는 플라톤의 이원론과 이를 바탕으로 한 헬라 철학이 기독교 초기 교부들의 어리석음을 틈타 하나님의 진리를 오염시키게 되었다. 과연 육체와 영혼은 분리해서 생각할 수 있는가? 사람은 죽으면 어떻게 되는가?

　진실을 말하자면 사람은 죽으면 흙으로 돌아간다. 그리고 존재가 소멸하게 된다. 육체가 없는데 영혼만 분리해서 존재할 수 없다. 왜냐하면 인간은 육체를 기본 바탕으로 하고 있기 때문이다. 하나님께서 흙으로 먼저 육체를 지으신 후 생명을 불어넣으셨다.

> **주 하나님께서 땅의 흙으로 사람을 지으시고 그의 콧구**
> **멍에다 생명의 호흡을 불어넣으시니, 사람이 살아 있**
> **는 혼이 되었더라.**(창 2:7)

육체 따로 영혼 따로 창조하신 게 아니다. 육체를 지으시고 거기에 생명을 불어넣으신 것이다. 따라서 육체가 사라지면 생명도 사라지게 된다. 당연히 육체를 떠난 영혼 같은 것은 존재하지 않는다. 첫 사람 아담의 불순종으로 인하여 모든 사람은 죽을 운명에 처하게 되었고 결국 흙으로 돌아가며 육신이 사라지면 영혼도 사라지게 된다.

> **네가 땅으로 돌아갈 때까지 네 얼굴에 땀을 흘려야 빵을 먹으리니, 이는 네가 땅에서 취해졌음이라.** 너는 흙이니 너는 흙으로 돌아갈 것이니라." **하시니라.**(창 3:19)

하나님께서 육신은 흙으로 돌아가고 영혼은 천국이나 지옥으로 가라고 말씀하신 적이 없다. 인간은 죽으면 예외 없이 모두 흙으로 돌아가고 존재가 소멸하게 된다. 그래서 모두 죽음을 두려워하는 것이다. 지옥은 땅의 감옥 즉 흙으로 돌아간 인간이 영원히 벗어날 수 없는 곳을 의미한다.

인류 역사에서 예수 그리스도를 제외하고 죽음에서 부활하여 다시 돌아온 존재가 있던가! 가끔 죽었다가 다시 살아난 사람들이 있긴 한데 그들은 결국 다시 죽는다. 부활이 아니고 일시적 환생인 것이다.

성경에 기록된 영혼 또는 혼 등의 표현은 인간의 영적

인 특성을 강조한 표현이다. 따라서 그 영혼이 구원을 얻으리라는 표현은 그 사람이 구원을 얻으리라는 뜻이다. 육체와 분리된 영혼만 따로 구원받는 것이 아니다. 인간에게 있어서 죽음은 슬프고 두렵다. 육체적 죽음 뒤에 분리된 영혼만이라도 존재하기를 희망하곤 한다. 그래서 만연한 사상이 이원론이다.

신약 성경에 사도들은 죽는 것을 잠드는 것으로 표현하기도 한다. 그것은 부활의 소망을 표현하는 문학적 표현이다. 하나님께서 영생의 부활을 허락하지 않는 이상 결국 영원히 사라질 뿐이다.

> **보라, 내가 너희에게 한 가지 신비를 말하노니** 우리가 다 잠잘 것이 아니요 **오히려 우리가 모두 변화될 것이니 마지막 나팔 소리에 눈깜짝하는 순간에 그러하리라. 나팔 소리가 나면 죽은 자들이 썩지 아니하는 몸으로 일으켜지며 우리도 변화되리라.**(고전 15:51~52)

죽은 영혼이 행복한 천당에서 즐겁게 놀다가 다시 돌아와서 부활한다는 사상은 성경에는 존재하지 않는다. 따라서, 죽어서 영혼이 천당에 간다는 대다수 기독교인의 생각은 이원론에 오염된 헬라 철학일 뿐 하나님의 진리는 아니다!

진리는 온전히 순종할 때만
깨닫게 된다.

    콘스탄티누스 로마 황제의 기독교 공인 후, 하나님의 진리를 가리는 가장 큰 잘못은 태양의 날인 일요일을 예배일로 변경한 것이다. 그 결과 하나님께서 예정하신 그리스도의 재림에 대한 진리를 깨닫지 못하게 되었다. 이는 명백히 인간의 전통으로 하나님의 계명을 폐지한 사례가 된다. 로마 가톨릭에서 시작된 이 잘못된 전통은 결국 개신교에도 이어지고 현재는 일부 종파를 제외하고는 안식일을 기억하지 않는다.

    안식일 대신 일요일 예배 전통은 너무나 오래되고 강고하여 이를 주장하는 많은 근거를 제시하곤 한다. 하지만, 하나님의 심판대 앞에 가면 그 모든 주장은 결국 헛된 것으로 판명될 것이다.

    일요일이 안식일을 대체하려면 두 가지 성경적 근거가 있어야 한다.

첫째는 하나님께서 일곱째 날에 더하여 일요일도 거룩하게 하셔야 하고, 둘째는 부활하신 그리스도께서 친히 안식일 대신 일요일 예배를 명령하셨어야 한다. 하지만, 성경 어디에도 그러한 기록은 없다. 사도 바울의 사례를 보자.

그런데 안식일이 되어 늘 기도를 드리던 성읍 밖 강가에 나가 앉았다가 모여든 여인들에게 말씀을 전하였느니라.

거기에 루디아라고 하는 여인이 있었는데 두아티라 성읍의 자주 옷감 장수로 하나님을 경배하는 여인이었으며 우리의 말을 듣더라. 주께서 그녀의 마음을 열어 바울이 말한 것에 주의를 기울이게 하시니라. (행 16:13~14)

바울은 습관대로 그들에게 가서 세 안식일에 걸쳐 성경을 가지고 그들과 변론하며,

그리스도께서 고난을 당하셔야 했던 것과 죽은 자들로부터 다시 살아나셔야 했음을 설명하고 입증하면서 "내가 여러분에게 전하는 이 예수가 바로 그리스도라."고 하자

그들 가운데 몇 사람이 믿고 바울과 실라를 따랐으며 경건한 헬라인들의 큰 무리와 적지 않은 수의 저명한 부

인들도 그리하니라.(행 17:2~4)

그가 안식일마다 회당에서 변론하며 **유대인들과 헬라인들을 설득시키니라.**(행 18:4)

사도들은 하나님의 계명을 지켰고 그 가운데 하나인 안식일 또한 계속 지켰음을 알 수 있다.

어떤 선생들은 계시록에 기록된 주의 날을 현재의 일요일이라고 주장하기도 한다.

내가 주의 날에 성령 안에 있었으며 나팔 소리 같은 큰 음성을 내 뒤에서 들었는데(계 1:10)

하지만 계시록에 기록된 주의 날은 안식일을 의미한다. 안식일 논쟁에서 하신 예수님의 말씀이 그러하다. 안식일의 주인은 예수님이라고 하셨는데 이는 곧 주의 날이 안식일이라는 말씀이다. 초대교회 시절에 주일이라는 용어는 잘 쓰이지 않았고 그나마도 안식일을 지칭했다.

뿐만 아니라 제사장들이 안식일이면 성전 안에서 안식일을 범해도 죄가 되지 않는다는 것을 너희가 율법에서 읽어 보지 못하였느냐?

그러나 내가 너희에게 말하노니, 그 성전보다 더 위대한
　이가 여기 있느니라.
'나는 자비를 원하고 희생제를 원치 아니하노라.'는 그
　의미를 너희가 알았다면 무죄한 사람을 정죄하지 아
　니하였으리라.
인자는 곧 안식일의 주니라."고 하시더라.(마 12:5~8)

　어떤 선생들은 예수께서 부활하신 날이 일요일이므로 일
요일을 예배일로 지켜야 한다고 주장한다. 과연 예수님은
일요일에 부활하셨을까?
　예수께서 그 주의 첫날 무덤 앞에서 마리아에게 모습을
보이신 기록은 있지만, 부활이 일요일이라는 기록은 없다.
　성경을 자세히 분석하면 그리스도의 십자가 사건은 A.D.
33년 금요일이 아니고 A.D. 30년 수요일이었음을 알 수 있
다. 성경의 기록을 비판적 시각으로 하나씩 점검하면서 검
토해 보면 그 결과가 명확히 드러난다.

십자가 사건의 재구성

예수님의 십자가 사건이 발생한 연도에 대한 해석은 크게 두 가지로 나뉜다.

A.D. 30년 또는 A.D. 33년

A.D. 30년을 전후한 연도의 유월절(아빕/니산 14일 저녁)을 태양력으로 환산하면 다음과 같다.

연도	요일	태양력 날짜
A.D. 28	월	3월 28일
A.D. 29	토	4월 14일
A.D. 30	수	4월 3일
A.D. 31	월	3월 24일
A.D. 32	월	4월 12일
A.D. 33	금	4월 1일
A.D. 34	월	3월 20일

많은 성직자가 A.D. 33년 학설을 배웠는데, 그해의 유월절은 금요일이다. 그래서 대다수 기독교인은 예수께서 금요일에 돌아가시고 사흘째 되는 일요일 새벽에 부활하신 것으로 배웠다. 하지만, 성경의 기록을 자세히 분석하면 그렇지 않다.

먼저, A.D. 33년 학설로 십자가 사건을 재구성해 보자. A.D. 33년에 십자가 사건이 발생했다고 배운 사람들은 금요일에 예수께서 돌아가셨다고 생각한다. 그리고 이 경우 무교절 안식일이 정기 안식일인 토요일과 겹치기 때문에 안식 후 첫날, 즉 일요일 새벽에 예수께서 부활하신 것으로 이해한다.

요일	화	수	목	금	토	일
양력	3/29	3/30	3/31	4/1	4/2	4/3
아빕 니산	11	12	13	14	15	16
절기				유월절	무교절안식일 정기안식일	초실절
사건			마지막 성찬	십자가 사건		부활
기록			요13:1			막16:1 향료를사다 막16:2 무덤에가다

하지만, 이 학설은 성경의 두 가지 기록과 모순된다.

첫째, 예수께서 사흘 낮 사흘 밤을 무덤 속에 계실 것이라는 예언과 일치하지 않는다. 금요일 저녁에 무덤에 장사된 후 일요일 새벽에 부활해서 무덤을 나오신다면 사흘 낮 사흘 밤(72시간)이 아니고 하루 낮 이틀 밤(36시간)이 되기 때문이다.

요나가 사흘 낮과 사흘 밤을 고래 뱃속에 있었듯이, 인자도 그처럼 사흘 낮과 사흘 밤을 땅의 심장 속에 있을 것이라.(마 12:40)

두 가지 경우가 가능하다. 예수께서 실제보다 더 부풀려 말씀하셨거나 아니면 십자가 사건이 금요일에 발생하지 않은 것이다.

둘째, 마가복음 16장의 기록과 부합하지 않는다. 막 16:1에 안식일이 지난 후 마리아가 좋은 향료를 샀다고 되어 있는데, 이 안식일은 토요일 정기 안식일이 될 수가 없다. 만약 막16:1의 안식일이 토요일이라면 일요일 새벽에 무덤에 달려가기 전에 향료를 사야 하는데 그 시절의 혼란스러

운 밤 상황을 고려해 보면 이는 합리적 추측이 될 수 없다. 전기가 일상화된 요즘처럼 한밤중에도 대낮같이 환한 환경이 아니고 어둠이 내리면 여자들이 편안하게 돌아다닐 수 없는 시대였다. 따라서, 막16:1의 안식일과 막 16:2 그 주의 첫날 사이에 다른 날짜가 들어있음을 추측할 수 있다.

> **요셉이 세마포를 사 가지고 와서 주를 내려 세마포로 싼 후 바위를 파서 만든 무덤에 안치하고 나서 무덤 문에 돌을 굴려 놓으니** 막달라 마리아와 요세의 모친 마리아가 주를 둔 곳을 보더라.(막 15:46~47)
> 안식일이 지난 후, **막달라 마리아와 야고보의 모친 마리아와 살로메가 좋은 향료를 샀으니 이는 주께 와서 붓고자 함이더라.**
> 그 주의 첫날 아주 이른 아침 **해가 뜰 무렵 그들이 무덤에 왔더라.**(막 16:1~2)

이제 A.D. 30년 학설로 십자가 사건을 재구성해 보자.

A.D. 30년 유월절을 전후한 태양력 요일의 구성과 주요 사건은 다음과 같이 정리할 수 있다.

요일	화	수	목	금	토	일
양력	4/2	4/3	4/4	4/5	4/6	4/7
아빕 니산	13	14	15	16	17	18
절기		유월절	무교절 안식일	초실절	정기 안식일	
사건	마지막 성찬	십자가 사건		부활		
기록	요13:1			막16:1 향료를사다		막16:2 무덤에 가다

유월절은 아빕(니산) 14일 저녁이고, 무교절은 15일이므로 태양력 4/3 수요일 저녁부터 유월절이 시작되며, 유월절과 무교절은 연이어 진행된다.

먼저 예수께서는 유월절인 수요일에 돌아가시고 그날 저녁에 가까운 무덤에 안치된다. 그것이 양력 4월 3일(아빕/니산 14일) 수요일의 주요 사건이다.

그다음 날인 양력 4월 4일(아빕/니산 15일) 목요일은 무교절 안식일이므로 모든 사람이 명절을 지킨다. 매주 제7일은 정기 안식일이지만 주요 명절(무교절, 칠칠절, 나팔절, 대속죄일, 장막절 등)은 큰 안식일이었기 때문이다.

그리고 무교절 안식일 다음 날인 양력 4월 5일에 마리아가 향료를 산다. 양력 4월 5일(아빕/니산 16일)은 금요일이며 정기 안식일인 토요일 전날이므로 향료를 구할 수 있었다. 그래서 막16:1의 기록에 나오는 안식일은 토요일 정기 안식일이 아니고 무교절 안식일 즉 목요일임을 알 수 있다.

정리해 보면, 마리아는 무교절 안식일인 목요일에 안식한 후 금요일에 향료를 구입하고(막16:1), 다시 정기 안식일인 토요일을 지낸다. 그리고 그다음 날, 즉 그 주의 첫날 이른 아침에 무덤에 갈 수가 있었다(막16:2). 앞서 언급한 막16:1의 안식일과 막 16:2 그 주의 첫날 사이에 금요일과 정기 안식일인 토요일이 끼어있었다.

두 번째는 사흘 낮 사흘 밤의 예언과 관련된 것이다. 예수께서 수요일 저녁에 장사 되시고 토요일 밤에 무덤을 나오신다면, 사흘 낮 사흘 밤 예언과 일치하게 된다. 수 목 금의 밤과 목 금 토의 낮이 다 지나가면, 토요일 밤이 되는 순간 사흘 낮과 사흘 밤이라는 기간이 채워지기 때문이다.

예수께서 수요일 저녁에 장사 되신 후부터 일요일 새벽까지 무덤 속에서 발생한 사건을 목격한 사람은 아무도 없다. 사흘 만에 부활하리라는 예언은 만 3일이 지나서 부활한다고 해석할 수도 있고, 3일째 되는 날 부활한다고 해석할 수도 있다. 만 3일이 지나서 부활한다면 토요일 오후 3시 이후가 될 것이고, 3일째 부활한다면 초실절 즉 아빕(니산) 16일인 금요일에 부활한 것이 된다.

> "보라, 우리가 예루살렘에 올라가면 인자가 선임 제사장들과 서기관들에게 넘겨질 것이며, 그러면 그들이 그에게 사형을 선고하리라.
> 또 그들이 그를 이방인들에게 넘겨주어 조롱하고 채찍질하며 십자가에 못박으리라. 그러나 셋째 날에 그가 다시 살아나리라."고 하시더라.(마 20:18~19)

십자가에서 돌아가신 수요일을 첫째 날로 본다면 금요일이 셋째 날이 되며, 이는 하나님의 절기인 초실절과 일치한다. 금요일(초실절)의 부활이라면, 성경에 기록된 부활의 첫열매가 되신 것이다.

> 그러나 이제 그리스도께서는 죽은 자들로부터 살아나셔서 잠들었던 자들의 첫열매들이 되셨느니라.
> (고전 15:20)

셋째 날에 부활하실 것이라는 말씀과 사흘 낮 사흘 밤을 땅의 심장 속에 있을 것이라는 말씀을 분리해서 생각해 보자. 언뜻 들으면 같은 말씀 같지만, 자세히 생각해 보면 약간 다르다.

초실절인 금요일에 부활하신 후 동굴 무덤 속에서 정기 안식일인 토요일을 보내시고 무덤에서 나오셨다면, 셋째 날 부활과 사흘 밤 사흘 낮 땅의 심장 속이라는 예언이 모순되지 않고 모두 완성된다. 사람이 죽은 뒤 땅을 파고 시신을 묻는 풍습과 달리 그 시대 예루살렘 유대인들은 동굴 무덤 속에 시신을 안치했기 때문에 가능한 일이었다.

혹자는 이렇게 말할지도 모른다. 부활했으면 됐지, 그게 금요일이든 일요일이든 무슨 차이가 있느냐고?

치명적인 차이가 있다. 왜냐하면, 십자가 사건이 발생한 시기의 상황을 정확히 이해하지 못하면, 출애굽과 십자가 사건 그리고 그리스도의 재림에 숨겨진 오묘한 패턴을 제대로 이해할 수 없기 때문이다. 출애굽과 십자가 사건, 그리고 그리스도의 재림과 관련해서, 하나님께서는 달의 패턴을 따라 수천 년에 걸친 신비한 청사진을 예비해 두셨다.(참고 도서 – 카이로스 2696, 김운길 지음, 담아서 출판)

창세기 기록에 따르면 하나님께서 사람을 창조하신 것은 제6일이며 사람은 창조되자마자 안식일을 맞게 된다. 만약 하나님께서 유월절의 희생과 초실절의 부활 직후 정기 안식일이 되도록 처음부터 예정해 두신 것이라면, 아담의 창조와 그리스도의 부활이 모두 안식일 전 제6일에 진행된다는 신비로운 공통점을 갖게 된다.

첫 사람 아담이 창조된 다음 날 안식일을 맞게 된 것처럼, 마지막 아담 그리스도도 부활 후 다음 날 안식일을 맞게 된 것이다.

따라서 이와 같이 기록되었으니 "첫 사람 아담은 살아 있는 혼이 되었느니라." 함과 같이 마지막 아담은 살려 주는 영이 되었느니라.**(고전 15:45)**
첫째 사람은 땅에서 나서 흙으로 만들어졌으나 둘째 사람은 하늘에서 나신 주시니라.(고전 15:47)

그래서, 정리하면 다음과 같다.

예수께서 A.D. 30년 유월절인 수요일에 돌아가시고, 3일째 되는 금요일(초실절)에 부활하신 후, 토요일 즉 정기 안식일에는 동굴 무덤 속에 계시다가, 토요일 밤부터 일요일 새벽 사이 무덤에서 나가시고, 일요일 아침 일찍 마리아에게 그 모습을 나타내셨다.

콘스탄티누스의 기독교 공인 후, 이방인 세계에서 교세를 확장한 기독교는 반유대교 색채를 강하게 가지게 되었고, 그 결과 구약에 계시된 하나님의 절기와 관련된 진리를 버리게 되었다. 계명에 기록된 안식일 대신 일요일을 예배일로 바꾸고 구약에 기록된 하나님의 절기를 유대인의 것으로 배척하면서 정작 인류 전체를 위해 하나님께서 예비하신 구원의 청사진 즉 절기를 망각하게 되었다. 하나님께서 유대인에게 주신 절기는 역사의 주인이신 하나님의 명절이다! 인류를 구원하시는 수천 년의 역사를 한 해의 명절로 압축해 두신 것이다.

주께서 모세에게 일러 말씀하시기를
"이스라엘 자손에게 고하여 그들에게 말하라. '너희가 거룩한 모임으로 선포할 주의 명절들에 관해서라. 이것이 나의 명절들이니라.
육 일 동안은 일할 것이나 일곱째 날은 쉼의 안식일이니 거룩한 모임이 있느니라. 너희는 그 날에는 일하지 말라. 이것이 너희 모든 거처에서 주의 안식일이니라. 주의 명절들은 이러하니, 곧 거룩한 모임으로 삼아 그들의 시기에 따라 너희가 공포할지니라.(레 23:1~4)

하나님의 명절은 예수그리스도의 십자가와 재림을 통하여 인류 구원을 완성하시는 하나님의 거대한 청사진인데 반유대교에 물들어 정작 중요한 진리를 망각하게 된 것이다. 그 시작은 안식일의 변경으로부터 시작되었다. 따라서 하나님의 구속사를 바르게 깨닫기 위해서는 안식일들을 다시 기억하고 그날에 거룩한 모임으로 하나님께 나아가야만 한다. 그럴 때 성령께서 진리를 깨우쳐 주시고 하나님의 경륜을 깨닫게 된다. 온전히 순종하면 인류 구원을 위한 수천 년에 걸친 거대한 파노라마를 더 선명하게 볼 수 있다.

수천 년간 제사를 지내온 사람들이 쉽게 그것을 벗어나지 못하는 것처럼, 대부분 기독교인도 잘못된 일요일 예배 전통을 쉽게 벗어나지 못할 것이다. 그 일차적 책임은 소경된 선생들에게 있다. 하나님의 뜻을 분별하지 못하는 선생들은 차라리 선생이 되지 않는 것이 더 낫다.

그러나 만일 그 종이 속으로 말하기를 '내 주인이 오시는 것이 늦어지는도다.'하고 남종들과 여종들을 때리기 시작하며, 또 먹고 마시어 취하게 되면
그 종이 그를 찾지 아니하는 날 예기치 아니한 시간에 그 종의 주인이 오리니, 그러면 그를 갈라내어서 그의 몫을 믿지 않는 자들과 함께 정해 주리라.

또 자기 주인의 뜻을 알면서도 준비하지 않았거나 주인
의 뜻에 따라 행하지 않은 종은 매를 많이 맞으리라.

반면에 알지 못하고 맞을 짓을 한 자는 매를 적게 맞으
리라. 이는 많이 받은 자에게서는 많이 찾게 될 것이
요, 또 사람들이 많이 맡긴 자에게는 더 많이 달라고
할 것이기 때문이라.(눅 12:45~48)

나의 형제들아, 너희는 많은 선생들이 되지 말라. 이는
우리가 더 큰 정죄를 받을 줄 앎이니라.(약 3:1)

안식일의 목적은 거룩한 모임!

율법의 근본은 사랑이지만, 유대인들은 율법주의로 빠지게 되었다. 반면에 기독교는 율법주의를 폐하면서 계명에 대한 중요성을 망각하게 된다.

그 결과 하나님께서 친히 손으로 쓰신 계명 중 안식일 계명을 망각하고 로마 태양교(미트라) 신도들을 흡수하기 위해 일요일 예배라는 인간의 전통을 만들게 되었다.

안식일의 원래 목적은 거룩한 모임을 갖는 것에 있고, 이를 위해서 자유자나 종이나 이방인이나 가축까지도 쉼을 명령하신 것이다. 만약 모든 존재에게 안식이 허락되지 않으면 결국 누군가는 거룩한 모임에 참여할 수 없는 형편에 처하기 때문에, 모든 피조물에게 안식이라는 선물을 주신 것이다.

만약 자유자들에게만 안식일을 명령하셨다면 인간의 마음은 완악하여 결국 힘없는 자들은 안식 없이 일하고 하나님의 거룩한 모임에 참여할 수 없게 된다. 따라서 안식일의 목적은 모든 사람이 하나님 앞에 나아와 그분을 기억하고 예배할 수 있도록 기본적인 사회 시스템을 제공하는 것이다. 레위기에 기록된 말씀에 모든 안식일에는 반드시 거룩한 모임이 동반된다.

주께서 모세에게 일러 말씀하시기를
"이스라엘 자손에게 고하여 그들에게 말하라. '너희가 거룩한 모임으로 선포할 주의 명절들에 관해서라. 이것이 나의 명절들이니라.

육 일 동안은 일할 것이나 일곱째 날은 쉼의 안식일이니 거룩한 모임이 있느니라. 너희는 그 날에는 일하지 말라. 이것이 너희 모든 거처에서 주의 안식일이니라.

주의 명절들은 이러하니, 곧 거룩한 모임으로 삼아 그들의 시기에 따라 너희가 공포할지니라.

첫째 달 십사일 저녁은 주의 유월절이니라.

같은 달 십오일은 주께 무교절이니 칠 일 동안 너희는 누룩 없는 빵을 먹을지니라.

첫째 날에는 너희가 거룩한 모임을 가질 것이며, 그 날에는 어떤 육체 노동도 하지 말지니라.(레 23:1~7)

주께서 모세에게 일러 말씀하시기를

"이스라엘 자손에게 고하여 말하라. '일곱째 달, 그 달의
    첫날에 안식일을 삼고 나팔들을 불어 기념일과 거룩
    한 모임을 삼을지니라.
너희는 그 날에 어떤 육체 노동도 하지 말고, 주께 불로
    드리는 제사를 드릴지니라.'" 하시니라.
주께서 모세에게 일러 말씀하시기를
"이 일곱째 달 십일은 속죄일이 되리니 너희에게 거룩한
    모임이 되리라. 너희는 너희 혼들을 괴롭게 하고 주께
    불로 드리는 제사를 드릴지니라.
그 날에 너희는 아무 일도 하지 말지니 이는 그 날이 너
    희를 위하여 주 너희 하나님 앞에 속죄하는 속죄일임
    이라.(레 23:23~28)

누구는 일요일이나 안식일이나 무슨 차이가 있겠냐고 반
문하겠지만, 하나님의 원대한 구속사를 이해하기 위해서는
안식일과 절기에 숨겨진 진리를 깨달아야 한다. 하나님의
절기는 인류를 구원하기 위한 거대한 청사진이며, 그 진리
는 하나님의 뜻에 온전히 순종할 때만 빛을 보여주시기 때
문이다. 절기에 숨겨진 비밀을 깨닫고 나면 그리스도의 재
림과 관련된 선지자와 사도들의 예언도 더 잘 이해할 수 있
다. 이사야, 다니엘, 스가랴, 요한으로 이어지는 재림의 예언

을 더욱 분명하게 깨닫게 된다.

예수께서 십자가를 지신 것은 하나님의 명절 중 첫 번째인 유월절이었다. 부활은 초실절의 사건이고 성령 강림은 오순절에 일어났다. 그 중요성을 깨닫는 것이 하나님의 구속사를 이해하는 첫걸음이다. 그러고 나면 나팔절, 대속죄일, 장막절로 예고된 재림과 최후 심판, 그리고 새 하늘과 새 땅에 대한 예언들을 바르게 이해할 수 있다.

안식일을 율법주의적으로 해석하자는 것이 아니다. 왜냐하면 안식일은 사람을 위해 하나님께서 직접 제정해 주신 것이기 때문이다. 하지만, 하나님께서 친히 정하신 안식일과 명절을 망각하는 것은 본질적으로 틀린 것이며 살아계신 하나님을 존중하지 않는 행위다.

바울 편지에 기록된 절기

구약에 기록된 하나님의 절기가 유대인의 것이고 그리스도인들은 더 이상 하나님의 절기를 지킬 필요가 없다고 주장하는 선생들은 갈라디아서와 골로새서에 기록된 사도 바울의 편지를 오해하고 있다. 절기와 관련된 두 가지 구절을 먼저 비교해 보자. 갈라디아서의 기록은 다음과 같다.

> 그러나 그때에는 너희가 하나님을 알지 못하여 본질상 신들이 아닌 것들에게 종 노릇 하였더니
> 이제는 너희가 하나님을 알았고 오히려 하나님께 알려졌는데 어찌하여 너희는 약하고 천한 초등 학문으로 다시 돌아가 거기서 다시 종 노릇 하기를 원하느냐?
> 너희는 날과 달과 절기와 해를 지키는도다.
> 나는 내가 너희를 위하여 수고한 것이 헛될까 두려워하노라.(갈 4:8~11)

갈라디아서에는 날과 달과 절기와 해라는 표현으로 기록되어 있다. 골로새서 기록은 조금 다르다.

> **그러므로 음식으로나 마시는 것으로나** 거룩한 날이나 새 달이나 안식일들**에 관해서는 아무도 너희를 판단하지 못하게 하라.**
> **이런 것들은 다가올 것들의 그림자이나 몸은 그리스도의 것이니라.**(골 2:16~17)

골로새서에는 거룩한 날, 새 달 그리고 안식일들이라고 표현되어 있다.

갈라디아서	골로새서
날/달/절기/해	거룩한날/새달/안식일들

사도 바울은 두 편지에 각각 다른 표현을 사용하고 있다. 왜 그럴까?

갈라디아서에서 사도 바울이 지적하는 것은 갈라디아 교인들이 예수를 믿고 난 다음에도 날/달/절기/해를 지킨다고 하는데 이 날짜들은 모두 태양과 달을 섬기는 이방 종교의 기념일을 지적하는 것이다. 갈라디아서에 기록된 절기는 하나님의 절기가 아니다. 그래서 본질상 신들이 아닌 것들 즉 태양과 달을 경배하던 과거의 풍습을 그대로 유지하는 갈라디아 교인들에게 경고한 것이다.

한편, 골로새서에는 거룩한 날, 새 달, 안식일들이라는 표현을 사용하는데 이것은 골로새 교인들이 예수를 믿은 후 하나님의 절기 즉 명절들을 지키고 있음을 나타낸다. 그래서 거룩한 날, 새 달, 안식일들이 그리스도의 그림자라고 가르치고 있다.

하나님의 명절이 그리스도의 그림자인 것은 모든 역사적 순간이 그 명절에 따라 진행되기 때문이다. 유월절에 예수께서 십자가에서 죽으시고 무교절에 무덤 속에 계시며 초실절에 부활하셨다. 그리고 오순절(칠칠절)에 성령 강림 사건이 발생했다. 이제 남은 것은 그리스도의 재림과 마지막 심판 그리고 새 하늘과 새 땅인데, 이것은 모두 나팔절, 대속죄일 그리고 장막절로 예정되어 있다.

따라서 사도 바울은 갈라디아 교인들에게는 예수를 믿은 후 이방 종교(태양과 달)의 기념일을 지키는 것이 망령된 것이라고 경고하고 있으며, 반대로 골로새 교인들에게는 이방인들의 비난에도 불구하고 하나님의 절기(명절)를 지키는 것이 곧 그리스도를 소망하는 것이라고 격려한다.

당시 갈라디아 교회나 골로새 교회나 모두 이방 종교들

에 둘러싸인 상태였다. 하지만 갈라디아 교회는 이방 종교 풍습에 물들어서 질책을 받고 있고, 골로새 교회는 이교도들로부터 비난받는 것을 두려워 말라는 격려를 받고 있다. 그래서 편지에 등장하는 표현이 각각 다르다. 표현은 비슷하지만, 문맥상 내용은 완전히 반대인 것이다.

골로새서에 등장하는 거룩한 날, 새 달, 안식일들 중에서 새 달은 곧 월삭을 의미하는데, 이 규례는 모세 오경에는 나오지 않는다. 구약에 정통한 바울이 에스겔의 환상에 등장하는 이상적인 성전에 관한 구절을 참조한 것으로 추측된다. 초승달이 뜨는 월삭은 왕의 행차와 관련 있다. 특히 일곱째 달 첫째 날 즉 나팔절은 그리스도의 재림을 예표하기 때문이다.

주 하나님이 이같이 말하노라. 동쪽을 바라보는 안쪽 뜰의 대문은 일하는 육 일 동안은 닫아 둘 것이나, 안식일에는 열어 두고, 또 새 달의 날에도 열어 둘지니라. **통치자는 바깥 대문의 현관 길로 들어와서 대문의 문설주 옆에 설 것이요, 제사장들은 통치자의 번제물과 화목제물을 준비할 것이며 통치자는 대문의 문지방에서 경배한 후 나갈 것이라. 그러나 대문은 저녁까지 닫지 말지니라.**

이 땅의 백성도 마찬가지로 안식일들과 새 달들에 이 대
문의 문간에서 주 앞에 경배할지니라.(겔 46:1~3)

반유대주의의 영향을 받은 선생들은 하나님의 명절의 중
요성을 인식하지 못한다. 그 결과 크리스마스, 부활절, 추수
감사절 같은 인간의 전통들로 하나님의 구속사를 가리는 어
리석음을 범하고 있다.

문제는 이런 절기들이 성경에 기록된 것이 아니고 로마
기독교 공인 후 태양교의 흔적을 따라 기독교에 접목되었다
는 것이다.

하나님의 진리를 망각한 곳에 결국 잡초가 자랐다.

반복되는 순간이 영원을 결정한다.

　　예수를 영접하고 나면, 자기를 부인하고 하나님의 말씀에 따라 살아야 한다. 그래서 하루하루는 계명을 지키며 하나님의 사랑 안에서 살아야 하고, 한 해는 하나님의 명절을 기억하여 주님의 재림을 소망하면서 살아야 한다. 그리고 수한이 다하여 흙으로 돌아갈 때, 주님의 재림을 소망하며 잠드는 것이다. 그것이 그리스도인들에게 주어진 소명이자 운명이다. 타락한 세상에 물들지 않고 하나님의 주권 안에서 사는 다른 길은 없다.

　　지금 이 순간 반복되는 순간들 즉 계명을 지켜 성령의 열매를 맺는 것, 그 순간들이 모여 마지막 심판 날에 자신의 영원을 결정한다.

　　얄팍한 입술의 고백만으로 하나님 나라에 들어갈 수 있다는 소경 된 선생들의 말을 믿지 말라. 십자가의 무시무시한 고난은 그처럼 단순하지 않다. 하나님의 심판 또한 만만하지 않을 것이다.

선생은 한 분, 오직 그리스도!

유대교 성전과 현대의 예배당을 구분하지 못하는 그리스도인들이 많다. 사제나 목사 같은 성직자 계급이 허상이라는 것을 깨닫는 그리스도인들은 드물다. 예수께서 당시의 성직자들에게 하신 경고의 말씀을 보자. 오늘날 돈과 권력과 화려한 건물을 사랑하는 성직자들의 모습과 너무나 흡사하지 않은가?

그때에 예수께서 무리와 제자들에게 일러
말씀하시기를 "서기관들과 바리새인들이 모세의 자리에
  앉아 있으니,
그들이 너희에게 지키라고 한 모든 것을 지키고 행하라.
  그러나 그들의 행위는 본받지 말라. 이는 그들이 말만
  하고 행하지 않음이라.
이는 그들이 지기 힘든 무거운 짐을 묶어서 사람들의 어
  깨에 지워 놓고, 자기들은 그것을 옮기는 데 손가락 하

나도 대려고 하지 아니함이라.

그들이 행하는 모든 일은 사람들에게 보이려는 것으로, 가
죽 성구함을 크게 만들어 지니고 옷단을 넓혀 입느니라.

또 잔치에서는 최상의 자리를, 회당에서는 가장 좋은 좌
석을 좋아하며,

또 시장에서 인사받는 것과 사람들에게 '랍비여, 랍비여.'
라고 불리는 것을 좋아하느니라.

그러나 너희는 랍비라 불림을 받지 말라. 이는 너희 선생은
한 분, 곧 그리스도요, 너희는 모두 형제이기 때문이라.

또 땅에 있는 사람을 너희 아버지라 부르지 말라. 이는 너
희 아버지는 한 분, 곧 하늘에 계신 분이시기 때문이라.

또 너희는 선생들이라고도 불리지 말라. 이는 너희 선생
은 한 분, 곧 그리스도기 때문이라.

너희 가운데서 가장 큰 자는 너희의 종이 되어야 하리라.

누구든지 자신을 높이는 자는 낮아질 것이요, 자신을 낮
추는 자는 높아지리라.

그러나 위선자인 서기관들과 바리새인들아, 너희에게 화
가 있으리라! 이는 너희가 사람들에게 천국을 닫아 버
려서 너희 자신도 들어가지 않고 들어가려고 하는 사람
들도 들어가지 못하게 하기 때문이라.

위선자인 서기관들과 바리새인들아, 너희에게 화 있으리

라! 이는 너희들이 과부들의 집을 삼키며 남들에게 보이고자 길게 기도하기 때문이라. 그러므로 너희는 더 큰 심판을 받으리라.

위선자인 서기관들과 바리새인들아, 너희에게 화 있으리라! 이는 너희가 한 사람의 개종자를 얻으려고 바다와 육지를 두루 다니다가 얻고 나면 그를 너희보다 두 배나 더 악한 지옥의 자식으로 만들기 때문이라.

너희 눈먼 안내자들아, 너희에게 화 있으리라! 너희는 말하기를 '누구든지 성전으로 맹세하면 아무것도 아니나 성전의 금으로 맹세하면 빚진 자라.'고 하니

너희 어리석고 눈먼 자들아, 어느 것이 더 크냐? 금이냐, 금을 거룩하게 하는 성전이냐?

또 '누구든지 제단으로 맹세하면 아무것도 아니나 그 위에 있는 제물로 맹세하면 죄가 있느니라.'고 하니

너희 어리석고 눈먼 자들아, 어느 것이 더 크냐? 제물이냐, 제물을 거룩하게 하는 제단이냐?

그러므로 제단으로 맹세하는 자는 제단과 그 위에 있는 모든 것으로 맹세하는 것이요

성전으로 맹세하는 자는 성전과 그 안에 거하시는 분으로 맹세하는 것이요

또 하늘로 맹세하는 자는 하나님의 보좌와 또 그 위에 앉
아 계신 분으로 맹세하는 것이니라.

위선자인 서기관들과 바리새인들아, 너희에게 화 있으리
라! 이는 너희가 박하와 아니스와 커민의 십일조는 바
치면서 율법과 공의와 자비와 믿음의 더 중요한 것을
빠뜨렸기 때문이라. 너희는 이것들도 마땅히 행하고 또
저것들도 저버리지 말아야 하리라.

너희 눈먼 안내자들아, 너희가 하루살이는 걸러내고 낙타
는 삼키는구나.

위선자인 서기관들과 바리새인들아, 너희에게 화 있으리
라! 이는 너희가 잔과 접시의 겉은 깨끗하게 하나 속은
약탈과 방탕으로 가득 차 있기 때문이라.

너 눈먼 바리새인아, 잔과 접시의 안을 먼저 깨끗이 하라.
그러면 그 겉도 깨끗하게 되리라.

위선자인 서기관들과 바리새인들아, 너희에게 화 있으리
라! 이는 너희가 회칠한 무덤들과 같음이라. 그것들은
실로 겉으로는 아름답게 보이나 안에는 죽은 사람의 뼈
와 모든 더러운 것으로 가득 차 있도다.

이와 같이 너희도 겉으로는 사람들에게 의롭게 보이나 속
에는 위선과 불법으로 가득 차 있도다.(마 23:1~28)

예나 지금이나 하나님의 이름을 팔아서 권력과 돈을 챙기려는 마귀의 자식들이 예배당 주변에 허다하다. 정신 바짝 차리고 예수님의 경고를 듣지 않으면 그들 중 하나가 되거나 그들의 노예가 될 뿐이다. 중세 때 가톨릭은 천국행 면죄부를 팔았지만 껍데기만 개혁한 개신교는 믿음을 담보로 성전 건축헌금을 강요한다. 무늬만 다를 뿐 내용은 동일하다.

예수께서 피로 사신 교회에서 모든 사람은 하나님의 자녀이자 형제로 자리매김하게 되며, 성직자 계급은 존재하지 않는다. 왜냐하면 하나님과 우리 사이에 유일한 대제사장은 오직 한 분 그리스도이기 때문이다. 따라서 성도들 사이에 선배와 후배는 존재할 수 있어도 계급은 존재할 수 없다. 교회 질서를 위해 감독이나 장로, 집사와 같은 직급은 존재할 수 있으나 성직자처럼 구분된 계급은 아니다. 그나마도 형제자매들을 위해서 스스로 낮아져야 하는 성숙한 자리이다.

한걸음 떨어져서 가톨릭이나 개신교를 바라보라. 과연 그들에게서 그리스도의 제자들 향기가 나던가? 우스꽝스럽고 과장된 복장들과 위선과 허세만 가득하지 않던가? 일하지 않고 하나님의 이름을 팔아서 호의호식하지 않던가?

구약시대에 성전과 이를 위해 봉사하는 제사장 및 레위인 들을 두신 것은 그리스도의 십자가로 이미 끝난 일이다. 그래서 지성소 휘장이 십자가와 함께 찢어졌다. 더 이상 필요하지 않은 성전이기에 돌 하나도 남지 않고 다 무너진 것이 아니던가?

예수께서 피로 사신 교회를 사유화해서 호의호식하는 눈먼 성직자들아, 너희에게 화 있으리라! 대를 이어가며 교회를 사유화하는 눈먼 소경들아, 너희에게 대를 이어 화 있으리라! 마지막 심판 때 불꽃 같은 눈으로 지켜보시는 하나님을 두려워하라!

하나님을 두려워하지 않는 성직자들은 말라기의 경고를 보고도 깨닫지 못한다. 계명들을 두려워하지 않은 것이 곧 저주받은 마음의 상태임을 경고하고 있다.

오 너희 제사장들아, 이제 이 계명은 너희를 위한 것이니라.

너희가 만일 듣지 아니하고 마음에 두지 아니하여 내 이름에 영광을 돌리지 아니하면, 만군의 주가 말하노니, 내가 너희에게 저주를 보낼 것이요 내가 너희의 복들을 저주하리라. 정녕 내가 이미 그것들을 저주하였나니 이는 너희가 그 계명을 마음에 두지 아니함이라.

보라, 내가 너희의 씨를 썩게 하고 너희 얼굴에는 똥, 곧 너희 엄숙한 명절의 똥을 바르리니, 사람이 너희를 그 똥과 함께 치워 버리리라.

그러면 내가 이 계명을 너희에게 보내어 나의 언약이 레
위와 함께한 것을 너희가 알게 되리라. 만군의 주가 말
하노라.

레위와 세운 나의 언약은 생명과 화평의 언약이라. 내가
그것들을(계명들을) 그에게 준 것은 두려워함을 위한
것이니 그가 그것으로 나를 두려워하였고 내 이름 앞
에서 두려워하였도다.

그의 입에 진리의 법이 있었고, 그의 입술에는 죄악이
발견되지 않았으며, 그가 화평과 공평 안에서 나와 함
께 행하며, 많은 사람을 죄악으로부터 돌이켰도다.

이는 제사장의 입술은 지식을 지켜야 하고 사람들은 그
의 입에서 율법을 찾아야 함이니, 이는 그가 만군의 주
의 사자이기 때문이라.

2:8 그러나 너희는 그 길에서 떠났고 많은 사람을 율법
에 넘어지게 하였으며 레위의 언약을 변개시켰도다.
만군의 주가 말하노라.(말 2:1~8)

십일조와 헌금

모든 종교는 기복신앙으로 흐르기 마련이다. 기복 신앙의 핵심은 결국 돈이며, 모든 종교가 그러한 역사를 보여왔다. 기독교라고 예외일 수 있을까? 자칭 선생들이라는 성직자들이 돈과 권력을 사랑하고 공의로우신 하나님을 두려워하지 않는데 과연 예수께서 함께 계실까?

오늘날 기독교를 가장 타락시키고 있는 근저에는 십일조와 헌금이 자리 잡고 있다. 십일조와 헌금의 역사를 잘 살펴보면 그것들은 그리스도의 십자가와 함께 이미 폐지된 율법주의의 잔재임을 알 수 있다.

먼저 십일조는 성막과 예루살렘 성전을 유지하는 제사장들과 레위인 들을 위해 하나님께서 이스라엘 12지파로부터 추징한 소득의 한 부분이다. 그래서, 땅을 유업으로 받지 못한 그들의 생계를 책임져 주신 것이다.

하지만 기독교가 로마에서 득세한 후, 권력을 등에 업은 성직자들은 무지한 성도들로부터 구약의 십일조를 추징하기 시작했고 그것은 로마 가톨릭의 타락을 가속하였다. 그 결국은 암흑의 중세 시대로 귀결된다.

종교개혁 후, 개신교에서도 십일조는 그대로 유지되었고 그 결과 오늘날 대형 교회 타락에 가장 큰 원인이 되고 있다. 성전도 없고 제사장과 레위인도 없는데 십일조를 바치라는 선생들은 근거 없는 주장을 하는 것이고, 이를 그대로 따르는 기독교인들은 성경에 대해서, 그리고 십자가의 완성에 대해서 무지한 것이다.

무식한 선생들이 신약에서 예수님의 다음 가르침을 주장하며 십일조가 정당하다고 주장한다. 과연 그럴까? 상황을 자세히 살펴보자.

> **위선자인 서기관들과 바리새인들아, 너희에게 화 있으리라! 이는 너희가 박하와 아니스와 커민의 십일조는 바치면서 율법과 공의와 자비와 믿음의 더 중요한 것을 빠뜨렸기 때문이라. 너희는 이것들도 마땅히 행하고 또 저것들도 저버리지 말아야 하리라.**(마 23:23)

이 가르침이 포함된 마태복음 23장 전체의 주제는 이른바 유대교 선생들의 위선에 대한 예수님의 질책이다. 다시 말해서 겉으로는 주여주여 말하지만, 속으로는 탐욕으로 가득한 선생들에게 경고하고 있다.

또한, 예수께서 유대인들에게 이 말씀을 하실 때에는 예루살렘 성전이 여전히 존재하고 있었다. 성전도 제사장도 레위인도 존재하고 있으니, 모세의 십일조를 인정하고 계신다.

기독교 초기 예루살렘 교회가 만들어졌을 때, 성전은 여전히 존재하고 있었다. 만약 신약교회에 십일조를 바쳐야 한다면 그 당시 기독교인들은 예루살렘 성전 대신 신약교회에 십일조를 바쳤을까? 아니면 성전에 십일조를 바쳤을까? 초기 기독교인들은 교회에 십일조를 바칠래야 바칠 수가 없었다. 그래서 자원하는 연보만 가능한 것이다.

어떤 선생들은 말라기의 경고를 인용하여 십일조를 주장하기도 한다.

> 사람이 하나님의 것을 도둑질하겠느냐? 그러나 너희는 내 것을 도둑질하였도다. 그래도 너희는 말하기를 "우리가 어떻게 주의 것을 도둑질하였나이까?" 하니, 십일조와 제물들이라.
> 너희가 저주로 저주를 받았으니, 이는 너희, 곧 이 온 민족이 나의 것을 도둑질하였음이라.
> 만군의 주가 말하노니, 너희는 모든 십일조를 창고에 들여와 내 집에 식량이 있게 하고, 이제 그것으로 나를

시험하여 내가 하늘의 창문들을 열어 너희에게 복을 부어 주지 않나 보라. 그것을 받을 만한 충분한 장소가 없으리라.(말 3:8~10)

말라기 전체의 주제는 하나님을 두려워하지 않는 제사장과 레위인에 대한 하나님의 저주의 말씀이다. 이 구절은 하나님을 두려워하지 않고 자기의 욕심을 위해 성전에 바쳐진 십일조 중에서 좋은 것을 불법적으로 착복하는 성직자들을 질책하는 부분이다. 따라서, 말라기는 마태복음 23장의 경고와 같이 타락한 성직자들에 대한 하나님의 심판 말씀임을 알 수 있다. 하나님의 이름을 팔아서 십일조를 주장하는 작금의 성직자 같은 무리에게 경고하는 선지자의 말씀이다.

그리스도의 십자가 사건 이후, 더 이상 하나님께 뭔가를 바친다는 생각을 버려야 한다. 왜냐하면 예수님의 피로써 이미 완성되었으니, 하나님 앞에 율법적으로 뭔가를 더 바칠 수는 없기 때문이다. 오직 십자가의 은혜에 감격하여 회개하고 돌이켜서 하나님의 뜻에 온전히 순종하는 것뿐이다. 재물이나 인간의 노력으로 보상할 수 있거나 하나님을 감동하게 할 수 있다는 헛된 망상을 버려야 한다. 하나님을 사랑하고 이웃을 사랑하되, 하나님께서 명령하신 영생의 말씀 즉 계명의 틀 안에서 살아야 한다.

그러므로 형제들아, 내가 하나님의 모든 자비하심으로 너
희에게 권고하노니, 너희 몸을 하나님께서 기뻐하시는
거룩한 산 제물로 드리라. 이것이 너희가 드릴 합당한
예배니라.
너희는 이 세상과 일치하지 말고 너희 마음을 새롭게 함
으로써 변화를 받아 하나님의 선하시고 기뻐하시고 온
전하신 뜻이 무엇인지 입증하도록 하라.(로 12:1~2)

계명의 중요성은 망각하고 성전의 파괴와 함께 폐지된 십
일조를 오용하여 교회를 타락시킨 자들은 살아서는 권력과
재물을 탐하고 죽어서는 천국을 욕망하는 두 마음을 가진 자
들이다. 그들에게 경고하는 예수님의 다음 말씀을 보라.

너희는 좁은 문으로 들어가라. 이는 멸망으로 인도하는
문은 넓고 그 길이 광대하여 그리로 들어가는 사람이
많으나
생명으로 인도하는 문은 좁고 그 길이 협소하여 그것을
찾는 자가 적음이니라.
거짓 선지자들을 조심하라. 그들은 양의 옷을 입고 너희
에게 나아오나 속은 약탈하는 이리들이라.
너희는 그들의 열매로 그들을 알게 되리니, 사람이 가시

나무에서 포도를, 또 엉겅퀴에서 무화과를 거둘 수 있
겠느냐?

이와 같이 좋은 나무마다 좋은 열매를 맺고, 나쁜 나무는
나쁜 열매를 맺느니라.

좋은 나무가 나쁜 열매를 맺을 수 없으며, 나쁜 나무가 좋
은 열매를 맺을 수 없느니라.

좋은 열매를 맺지 못하는 나무마다 찍혀 불 속에 던져지
리라.

그러므로 너희는 그들의 열매로 그들을 알게 되리라.

나에게 '주여, 주여.' 하고 부르는 자마다 다 천국에 들어
가는 것이 아니요, 하늘에 계신 나의 아버지의 뜻을 행
하는 자라야 되느니라.

그 날에 많은 사람들이 나에게 '주여, 주여, 우리가 주의
이름으로 예언하지 아니하였으며, 주의 이름으로 마귀
들을 쫓아내지 아니하였으며, 주의 이름으로 많은 경이
로운 일들을 행하지 아니하였나이까?'라고 말하리니,

그때 내가 그들에게 분명히 말하되 '나는 너희를 전혀 알
지 못하니, 너희 불법을 행하는 자들아, 내게서 떠나가
라.'고 하리라.(마 7:13~23)

예수의 이름은 워낙 권능이 있어서, 마귀를 쫓아내기도 하고 기적을 행하기도 한다. 하지만 그것이 곧 구원의 보증은 아니다. 자기를 부인하고 탐심을 버리고 오직 하나님을 두려워하고 순종할 때, 구원의 은혜가 임한다.

존재가 의식을 결정한다는 말처럼, 소경 된 선생들은 자기들이 속한 기득권 즉 자기 교단의 이익을 위해 진리를 외면한다.

그러므로 그리스도께서 우리를 자유케 하신 그 자유 안에 굳게 서서 다시는 종의 멍에를 메지 말라.(갈 5:1)

천국을 욕망하는 두 마음을 가진 무리

하나님과 재물을 겸하여 섬기는 소경 된 선생들 밑에는 천국을 욕망하는 무리가 꼬인다. 천국을 소망하는 것과 욕망하는 것은 어떤 차이가 있는가?

천국을 소망하는 것은 공의와 긍휼과 사랑으로 하나님께 순종하는 것에 있고, 천국을 욕망하는 것은 하나님의 뜻보다 자기의 유익을 우선하는 것에 있다. 그래서 천국을 욕망하는 자들은 하나님의 공의보다 자신의 탐욕을 우선한다. 그들은 살아서 세상의 것을 탐하고 죽어서 천국을 욕망한다.

천국을 소망하는 사람들은 이 땅의 악과 어둠을 깊이 인식하고 그것에 물들지 않고 하나님의 뜻에 맞추어 자신을 굴복시키며 살지만, 천국을 욕망하는 자들은 하나님의 공의보다 자신의 욕망을 우선하여 하나님의 계명을 벗어나 어둠과 타협하며 살아간다. 재물이 늘어나거나 권력을 쥐게 되면 그것이 기도에 대한 응답이라고 착각한다. 아니다! 그것은 오히려 무서운 시험일 수 있다는 것을 잊어서는 안 된다.
모세의 경고를 들어보라.

> 그러므로 너는 주 너의 하나님의 계명들을 지켜 그분의
> 길에서 행하고 그분을 두려워하라.
> 주 너의 하나님께서 너를 아름다운 땅으로 인도하시리니,
> 시냇물들이 흐르고 골짜기들과 작은 산들에서 솟아나
> 는 샘들과 깊은 곳들이 있는 땅이며
> 밀과 보리와 포도나무들과 무화과나무들과 석류들의 땅
> 이요, 기름 올리브와 꿀의 땅이며
> 네가 부족함 없이 빵을 먹을 땅이라. 네가 그 안에서 아무
> 부족함이 없으리라. 그 땅의 돌들은 철이요, 너는 산지
> 에서 놋을 캘 것이라.
> 네가 먹고 배부르면, 그때 너는 주 너의 하나님께서 네게
> 주신 그 아름다운 땅으로 인하여 그를 송축할지니라.
> 오늘 네게 명령하는 주의 계명들과 명령들과 규례들을 지
> 키지 않음으로 주 너의 하나님을 잊지 않도록 주의하
> 라.
> 이는 네가 먹고 배부르고, 또 아름다운 집들을 짓고 그 안
> 에 거하며

네 소떼와 양떼가 번성하고 네 은과 금이 증식되고 네가
  가진 모든 것이 번성하면
네 마음이 높아져서 이집트 땅, 종의 집에서 너를 인도
  해 내신 주 너의 하나님을 네가 잊어버릴까 함이라.
  (신 8:6~14)

세상사가 잘 풀릴 때가 오히려 더 위험하다. 하나님을 잊
어버리고 그분의 계명을 위반하는 죄를 쉽게 범하는 것이
타락한 인간의 본성이다. 하나님보다 앞서 자기가 자기 죄
를 용서하며 괜찮다고 스스로를 기만한다.

가진 것이 많아지고 권력이 주어지면 마음이 높아지고
망령되이 행하기 쉽다. 하나님의 마음에 합한다고 칭찬받은
다윗이 그러했고, 그 아들 솔로몬은 결국 더 큰 죄를 범하였
다. 그리고 그 결과는 이스라엘의 남북 분단과 끊임없는 내
전으로 이어진다.

이 땅에서 불의와 타협하며 호의호식하다가 죽어서도 천
국에서 영화를 누리겠다는 욕망은 눈을 가린다. 예외 없이!

믿음은 정치적 견해보다 고결한 것

두 마음을 품고 천국을 욕망하는 무리는 권력에 줄을 대고 아부한다. 탐욕에 연단된 마음을 가진 선생들은 자신의 정치적 견해로 하나님의 어린 양들을 세뇌시킨다. 속지 말라. 하나님을 믿는 것은 보수나 진보 같은 정치적 견해보다 훨씬 고결한 일이다.

하나님에 대한 믿음은 공의와 긍휼의 삶으로 이어져야 하는데 한쪽에 치우친 정치적 견해는 그러한 삶을 방해한다. 종교 권력이 정치 권력과 결탁할 때 어김없이 전체주의적 압제가 등장하고 많은 사람들이 죽거나 다친다. 역사를 돌이켜 보면, 시대와 장소를 불문하고 항상 그러하다. 정치와 종교의 결탁 그리고 이어지는 피비린내 나는 전쟁들, 그러한 사례들은 셀 수 없이 많다.

민주주의 사회에서 자신의 정치적 견해를 가지는 것은 자유이지만 신앙을 정치적 견해 아래로 가져가거나 지지 기반으로 생각하는 선생들을 피해라. 왜냐하면 편향된 정치적 견해는 결국 신앙을 훼손하고 잘못된 행동으로 이어지기 때문이다.

종교를 정치와 연결하여 예수님을 시험했을 때 주님의 단호한 대응을 보라.

그때에 바리새인들이 가서 어떻게 하면 그가 말하는 것으로 올가미를 씌울까 하고 의논하더라.

또 그들은 자기들의 제자들을 헤롯 당원들과 함께 그에게 보내어 말씀드리기를 "선생님, 우리들은 당신이 진실하시며 또 진리로 하나님의 길을 가르치시며 아무도 개의치 않으시는 것을 아오니, 이는 사람들을 외모로 보지 않으시기 때문이니이다.

그러므로 선생님의 의견을 우리에게 말씀해 주소서. 카이사에게 세금을 내는 것이 옳으니이까, 옳지 아니하나이까?" 하니,

예수께서 그들의 사악함을 아시고 말씀하시기를 "너희 위선자들아, 어찌하여 너희가 나를 시험하느냐?

세금 내는 동전을 내게 보이라."고 하시니, 그들이 데나리온 한 닢을 주께 가져오더라.

주께서 그들에게 말씀하시기를 "이 형상과 새겨진 글이 누구의 것이냐?"고 하시니

그들이 "카이사의 것이니이다."라고 주께 말씀드리자
주께서 그들에게 말씀하시기를 "그러면 카이사의 것
은 카이사에게, 하나님의 것은 하나님께 바치라."고
하시더라.
그들이 이런 말씀을 듣고 놀라서 주를 떠나가더라.
(마 22:15~22)

교회 안에 정치꾼들이 많다. 헛된 선동에 동조하지 말고
순결한 믿음을 지켜 공의와 긍휼의 길을 걷는 것이 그리스
도의 제자도 이다. 옳은 것은 옳다고 하고 아닌 것은 아니라
고 하면 그뿐이다. 어떤 정치적 견해도 항상 옳지는 않고 항
상 틀린 것도 아니다. 그러므로 편향된 정치적 견해 아래 자
신의 신앙을 종속시키는 행위는 어리석은 일이다.

오직 너희 말은 '예'는 '예'로, '아니오'는 '아니오'로 하
라. 그 이상의 것은 무엇이든지 악에서 나오는 것이라.
(마 5:37)

기복은 기도가 아니다.

    성령으로 거듭나지 못한 무늬만 그리스도인들의 기도는 기복으로 가득하다. 끊임없이 하나님께 무언가를 달라고 보챈다. 자기들은 열심히 기도를 드리고 있다고 착각하지만, 그것은 그냥 헛된 기복신앙에 불과하다. 예수께서 가르쳐 주신 기도를 보자.

> 또 네가 기도할 때에 위선자들같이 되지 말라. 그들은 사람들에게 보이려고 회당과 길모퉁이에 서서 기도하기를 좋아하느니라. 진실로 내가 너희에게 말하노니, 그들은 그들의 상을 받은 것이니라.
> 그러나 너는 기도할 때에 네 골방에 들어가 방문을 닫고 은밀히 계신 네 아버지께 기도하라. 그러면 은밀히 보시는 네 아버지께서 너에게 드러나게 갚아 주시리라.
> 너희는 기도할 때에 이교도들이 하는 것처럼 헛된 반복을 하지 말라. 이는 그들이 말을 많이 하여야 들으리라

생각함이라.

그러므로 너희는 그들을 닮지 말라. 이는 너희가 구하기
  전에 너희 아버지께서는 너희가 무엇을 필요로 하는
  지 아심이라.

그러므로 너희는 이렇게 기도하라. '하늘에 계신 우리
  아버지, 아버지의 이름이 거룩하게 되시옵고,

아버지의 왕국이 임하시오며, 아버지의 뜻이 하늘에서
  와 같이 땅에서도 이루어지이다.

오늘 우리에게 일용할 양식을 주시옵고,

우리가 우리에게 빚진 자들을 용서하는 것같이 우리의
  빚진 것들도 용서해 주시오며,

우리를 시험에 들게 하지 마시옵고, 악에서 구하여 주시
  옵소서. 그 왕국과 권세와 영광이 영원토록 아버지의
  것이옵니다. 아멘.'(마 6:5~13)

예수께서 가르쳐주신 기도는 조용히 하나님 앞에 나아가
서 하나님의 나라를 위해, 그리고 일용할 양식을 위해 그리
고 용서와 회개에 대한 내용으로 되어 있다.

하지만 교회에서 행해지는 예배당 대표 기도를 들어보
라. 세상과 나라와 정치적 욕망으로 가득한 공허한 울림만
가득하지 않은가?

골방 기도를 들어보라. 거기는 또 어떤가? 방언 기도를 한답시고 온갖 망측한 언어로 중언부언하거나 재물과 권력과 자식에 대한 욕심만 가득하질 않은가?

기도는 기복이 아니고 하나님의 뜻을 여쭙는 것이다. 자기의 욕심을 버리고 오직 하나님의 뜻만을 여쭐 때 성령의 역사가 임한다.

믿음을 처음 시작하거나 잘못 배울 경우 기도 응답이 없으면 하나님의 존재를 의심하게 되는 경우가 생긴다. 하지만, 몸과 마음과 성품을 다해 하나님을 사랑하게 되면 기존에 했던 나의 기도들과 다른 방향으로 하나님께서 인도하셨음을 깨닫게 된다. 그리고 하나님께서 인도하신 길이 옳았음을 뒤늦게야 깨닫게 된다. 그제서야 하나님의 나라와 의를 구하는 진짜 기도가 시작된다.

성경에 기록된 선지자의 부르짖음을 들어보라.

그를 찾을 만한 때에 너희는 주를 구하며 그가 가까이 계실 때 그를 부르라.
악인은 자기의 길을, 불의한 사람은 자기 생각들을 버리고 **주께로 돌아오라. 그리하면 주께서 그에게 자비를 베푸시리라. 우리 하나님께로 돌아오라. 그가 넘치게 용서하실 것임이라.**

주가 말하노라. 내 생각은 너희 생각과 다르며 내 길은
   너희 길과 다르니
   하늘들이 땅보다 높음같이, 내 길이 너희 길보다 높으며
   내 생각이 너희 생각보다 높음이라.(사 55:6~9)

자기 욕망을 버리고 하나님의 뜻에 순종할 때, 하나님께
서 바른 길로 인도하신다. 비록 그 길이 인간의 눈에는 느린
것처럼 보여도 지나고 나면 그것이 최선임을 깨닫게 된다.

이른바 기도라는 이름으로 행해지는 온갖 해괴망측한 욕
망을 하나님께서 모두 들어주신다고 상상해 보라. 세상은
즉시 아수라장으로 바뀌지 않겠는가? 무늬만 그리스도인들
의 헛된 기복을 모두 다 들어주시지 않는 공의로우신 하나
님이시다.

무릎 꿇는 기도

하나님 앞에 매일 무릎을 꿇고 기도하면 세상에 쉽게 물들지 않는다. 하지만, 기도를 게을리하면 시험에 들기 쉽다. 자기를 낮추어 교만해지지 않으려면 매일 무릎을 꿇고 기도해야 한다. 매일 성경을 읽는 것과 매일 무릎 기도하는 것은 그리스도의 제자들이 세상 속에서 믿음을 지키는 유일한 방법이다. 예수님을 포함하여 모든 하나님의 사람들이 그러하였다.

> 이제 다니엘이 그 문서가 서명된 것을 알았을 때 그의 집으로 가서 그의 방에서 예루살렘을 향해 창문을 열어두고 그가 전에 하던 대로 하루에 세 번씩 무릎을 꿇고 기도하였으며 그의 하나님 앞에 감사를 드렸더라.
> (단 6:10)
> 베드로가 그들을 다 내보내고 무릎을 꿇고 기도한 후 시체를 향해 돌아서서 "타비다야, 일어나라."고 말하

니 그녀가 눈을 떴으며 베드로를 보자 일어나 앉더라.
(행 9:40)

바울이 이런 말을 한 뒤에 그들 모두와 함께 무릎을 꿇
고 기도하니(행 20:36)

주께서 나가시어 늘 하시던 대로 올리브 산으로 가시니
제자들도 주를 따라가더라.

그곳에 도착하여 그들에게 말씀하시기를 "시험에 들지
않도록 기도하라."고 하시고

그들로부터 돌을 던지면 닿을 만한 거리로 물러나서 무
릎을 꿇고 기도하시며

말씀하시기를 "아버지시여, 원하시면 이 잔을 내게서 옮
겨 주옵소서. 그러나 내 뜻대로 하지 마옵시고 아버지
의 뜻대로 하옵소서."라고 하시더라.(눅 22:39~42)

축복과 저주

무엇이 축복이고 무엇이 저주인가? 사람들의 기준과 하나님의 기준이 다르다. 성경에는 어떻게 기록되어 있을까?

결론을 먼저 말하면, 축복은 하나님을 두려워하는 것이고 저주는 하나님을 두려워하지 않는 것이다. 말라기의 기록을 보자.

오 너희 제사장들아, 이제 이 계명은 너희를 위한 것이니라. 너희가 만일 듣지 아니하고 마음에 두지 아니하여 내 이름에 영광을 돌리지 아니하면, 만군의 주가 말하노니, 내가 너희에게 저주를 보낼 것이요 내가 너희의 복들을 저주하리라. 정녕 내가 이미 그것들을 저주하였나니 이는 너희가 그 계명을 마음에 두지 아니함이라.

보라, 내가 너희의 씨를 썩게 하고 너희 얼굴에는 똥, 곧 너희 엄숙한 명절의 똥을 바르리니, 사람이 너희를 그 똥과 함께 치워 버리리라.

그러면 내가 이 계명을 너희에게 보내어 나의 언약이 레위와 함께한 것을 너희가 알게 되리라. 만군의 주가 말하노라.

레위와 세운 나의 언약은 생명과 화평의 언약이라. 내가 그것들을(계명들을) 그에게 준 것은 두려워함을 위한 것이니 그가 그것으로 나를 두려워하였고 **내 이름 앞에서 두려워하였도다.**(말 2:1~5)

하나님의 저주를 받은 사람은 하나님을 두려워하지 않고 계명을 존중하지 않는 자라고 경고한다. 반대로 말하면 하나님의 축복을 받은 사람은 하나님을 두려워하고 그 계명을 존중하는 자라는 말씀이다.

사람들이 생각하는 건강, 재물, 명예, 자식 등 세상적인 것들은 선물에 불과한 것이지 하나님께서 말씀하신 진정한 축복은 아니다. 물론 그런 것들이 나쁜 것은 아니지만 진짜 중요한 것은 하나님을 경외하는 마음가짐이다. 하나님을 두려워하는 마음 없이 선물만 기뻐할 때 그것은 축복이 아니고 무서운 시험이 될 수 있음을 명심해야 한다.

나를 존중하는 자들을 내가 존중하고 나를 멸시하는 자들을 내가 소홀히 여기리라.(삼상 2:30)

쉐마, 하브루타, 코이노니아

신앙 생활에 도움이 되는 세 가지가 있다.

첫째는 성경의 말씀을 읽고 듣는 것, 쉐마이며 둘째는 묻고 답하는 교육, 하브루타이고 셋째는 그리스도인들이 서로 교제하는 것, 코이노니아이다.

성경의 기록은 매우 방대하기 때문에 통독할 경우 쉽게 지치거나 전체적인 맥락을 파악하기 힘들다. 그래서 창세기부터 계시록까지 하나님의 성품과 역사를 선포하는 핵심적인 내용을 추려내어 매일 읽고 묵상하는 것이 큰 도움이 된다. 이 읽고 듣는 과정 즉 쉐마는 성경 교육 하브루타의 기본 준비 과정이라고 볼 수 있다. 하루 책을 읽지 않으면 입안에 가시가 돋는다는 말씀처럼 하루 성경을 읽지 않으면 영혼에 먼지가 쌓인다. 분주하게 세상을 살다가 일요일에 한 번 교회에 가서 설교를 듣는 것으로 제대로 된 믿음이 성장할 수 있을까? 아마 쉽게 뿌리내리기 어려울 것이다.

하브루타는 하나님의 경륜에 대해서 눈을 뜬 믿음의 선배들이 후배들을 가르치는 과정으로 일대일 문답으로 진행하는 것이다. 예수께서 제자들에게 묻고 답하는 하브루타를 진행하신 것처럼 믿음의 선배들도 후배들의 신앙을 위해 하브루타를 활용할 필요가 있다.

개신교에서 행해지는 일방적인 설교는 그 효과도 미미하지만, 설교자의 특정 신학과 편견에 의해 오염된 경우가 많다. 하지만 하브루타는 즉석에서 묻고 답하는 과정을 거치므로 일방적 주입식 교육의 폐해를 피할 수 있다. 따라서, 하브루타를 인도할 선배는 다양한 종류의 신학에 대해서 그 내용을 소상히 알고 그 가운데 진리만을 골라낼 수 있는 실력이 필요하다. 하브루타를 제대로 실행할 수 있는 제자들을 길러내는 것이 교회를 오랫동안 바르게 유지할 수 있는 최선의 방법이다. 쉐마와 하브루타를 진행하다보면 출신 배경과 상관없이 영분별하는 은사와 가르치는 은사가 있는 제자들이 나타날 것이다.

코이노니아는 하나님의 자녀들이 서로 교제하는 것이다. 빨리 갈 때는 혼자 가지만 멀리 갈 때는 함께 가는 것이 좋다. 믿음의 과정도 평생 이어지는 장거리 여행이므로 믿음을 가진 형제자매들이 함께 가는 것이 좋다. 가장 좋은 방법은 함께 식사하는 것이다.

코이노니아에서는 너무 가깝지도 너무 멀지도 않게 서로의 사생활을 존중하고 예의를 지켜야 한다. 지나치게 허물없이 지내거나 돈거래를 하면, 많은 경우 시험에 들고 오히려 역효과가 나기 쉽다. 따라서 서로 예의를 갖추고 적당한 거리를 두고 교제하는 것이 오랫동안 함께 갈 수 있는 지혜로운 방안이다.

전도한답시고 천둥벌거숭이처럼 나대는 성도들이 생기게 마련이다. 교회는 그들을 자제시키고 대신 하나님의 뜻에 따라 겸손히 행하며 성령의 열매 맺는 것의 중요성을 가르쳐야 한다. 성령의 열매가 가득하면 애써 전하지 않아도 전도가 된다. 그리고 그런 전도가 예수님을 바르게 소개하는 방법이다.

열매 없이 말로 때우는 전도는 세상 사람들로부터 경멸을 받게 된다. 예수님이 하나님의 아들이라는 사실을 모르는 사람들은 이제 거의 없다. 그러나 전도가 되지 않는 것은 전하는 자들이 신실하지 못하고 열매가 형편없기 때문이다.

미쉬파트, 체다카

거룩하신 하나님의 인격적 특성은 히브리어로 미쉬파트와 체다카로 요약할 수 있다. 미쉬파트는 공의로 번역할 수 있고, 체다카는 정의, 자비 또는 긍휼로 번역할 수 있는데 긍휼이 제일 적합한 해석이다.

> **주가 이같이 말하노라.** 너희는 공의(미쉬파트)를 지키며 정의(체다카)를 행하라. 이는 나의 구원이 올 때가 가까우며, 나의 의가 나타날 때가 가까움이라.
> 이것(정의)을 행하는 사람과 그것(공의)을 붙드는 사람의 아들은 복이 있도다. 안식일을 더럽히지 아니하고 지키는 자와 자기 손을 악한 행실로부터 지키는 자는 복이 있도다.(사 56:1~2)

미쉬파트 즉 공의는 사회 전체를 유지하기 위한 상위 개념의 질서를 의미하고, 체다카 즉 긍휼은 불완전한 인간들 사이에 필요한 공감을 요구한다.

공의의 특성은 십계명에 잘 표현되어 있다. 핵심은 남의 것을 부당하게 침범하지 않고 화평을 유지하는 것이다. 긍휼은 사람을 도구로 바라보지 않고 하나님의 형상을 닮은 인간으로 대하는 것이다. 그래서 긍휼은 어려움에 처한 이웃을 형제처럼 대하게 한다.

부자나 가난한 자나 힘 있는 자나 약한 자나 모두에게 공통으로 요구되는 것은 공의이다. 하지만, 부자나 힘 있는 자에게는 공의 외에도 긍휼이 요구된다. 왜냐하면 부하거나 권력이 있을 때 공의를 지키는 것은 비교적 쉽기 때문이다.

공의와 긍휼은 상호보완적으로 작용해야 한다. 긍휼 없는 공의는 무자비하고 공의 없는 긍휼은 무질서하기 때문이다. 공의로우신 하나님의 심판을 두려워하되, 긍휼의 마음가짐을 잊어서는 안 된다.

의에 굶주리고 목마른 자들은 **복이 있나니, 그들이 배부**
　　를 것임이요,
자비로운 자들은 **복이 있나니, 그들이 자비를 얻을 것임**
　　이요,(마 5:6~7)

믿음은 인격적 순종!

　　예수님이 하나님의 아들이라는 사실을 믿는다는 것만으로도 구원을 받을 수 있다는 가르침은 반쪽짜리 진리다. 믿음은 존재에 대한 인식의 차원이 아니고 인격적 차원에서 자기를 부인하는 온전한 순종의 문제이다. 성경의 증거를 보라.

> 해가 기울어 갈 때에 갖가지 병으로 앓는 사람들을 모두 주께로 데려오니, 주께서 그들 각인에게 안수하여 고쳐 주시더라.
>
> 또 마귀들도 많은 사람에게서 나가며, 소리질러 말하기를 "당신은 하나님의 아들 그리스도시니이다."라고 하자 주께서 그들을 꾸짖으시고 그들이 말하는 것을 허락지 아니하시니 이는 그 마귀들이 주가 그리스도인 것을 알고 있기 때문이더라.(눅 4:40~41)

마귀들도 예수께서 하나님의 아들 그리스도임을 알고 있다. 그러나 그들은 하나님께 불순종하기 때문에 구원을 받을 수 없는 존재이다.

예수께서도 자기를 주라고 시인하는 것만으로는 하나님 나라에 들어갈 수 없다고 경고하셨다. 자기를 부인하고 하나님의 뜻에 순종하는 것이 믿음임을 깨우쳐 주신 것이다.

> 나에게 '주여, 주여.' 하고 부르는 자마다 다 천국에 들어가는 것이 아니요, **하늘에 계신 나의 아버지의 뜻을 행하는 자라야 되느니라.**(마 7:21)

마음 속으로 완전한 순종의 결심 없이 얄팍한 입술의 고백만으로는 하나님 나라에 들어갈 수 없다. 십자가의 고난은 그처럼 가벼운 것이 될 수 없기 때문이다.

십자가의 고난을 실체로 인식하지 못하고 개념으로만 이해하는 모태 신앙인은 특히 주의해야 한다. 삶과 죽음의 경계선을 넘나들며 신앙을 받아들인 1세대는 십자가를 실체로 인식하지만 모태 신앙인들은 십자가를 개념으로만 이해하는 경향이 있다.

그들에게 기독교는 신앙이 아니고 문화일 뿐이다. 그들이 진짜 하나님의 사람으로 거듭나는 것은 모진 고난 속에서 눈물로 하나님을 만날 때이며, 개념으로만 존재하던 십자가는 그제서야 실체가 된다.

천천히 그러나 멈추지 말고

하나님을 사랑하는 그리스도의 제자들은 하나님의 진리를 궁구하는 데 있어서 결코 멈추어 서서는 안 된다. 속도가 느릴 수는 있다. 하지만 멈추면 안 된다. 구약의 유대인들이 하나님의 진리를 바르게 깨닫지 못한 것처럼, 지금의 기독교도 잘못된 전통과 엉터리 신학으로 하나님의 진리를 가리고 있다. 그래서 하나님을 사랑하는 그리스도의 제자들은 거짓을 배격하고 진리를 추구하는 과정을 멈추어서는 안된다.

앞서 언급한 것들 외에도 하나님의 진리를 가리는 많은 것들이 있다. 이상한 지점에 이를 때마다 깊은 묵상을 통하여 하나님의 진리를 찾아야 한다.

유대인들은 메시아를 열망했지만 정작 메시아가 왔을 때는 알아보지 못하고 그분을 십자가에 못 박아 죽였다. 오늘날 예수께서 이 땅에 다시 오신다면 그분을 제일 먼저 핍박할 사람들은 누구일까?

유대교 성직자들이 기득권을 버리지 못하고 예수 그리스도를 죽였다는 사실로 볼 때, 돈과 권력에 심취한 오늘날 기독교를 바라보는 시선에 근심이 가득하다.

예수께서 다시 오실 것이다.

지금의 기독교 성직자 중에 이것을 진짜 믿는 선생들은 별로 없어 보인다. 언제 오실지도 모르고 어떻게 오실지도 모른다. 그래서, 죽어서 영혼이 천국에 간다는 근거 없는 주장을 한다. 하지만, 하나님께서는 성경 안에 그리스도께서 언제 오실지 어떻게 오실지 선지자들을 통해 모두 알려 주셨다. 다만, 우리가 게으르고 무지해서 깨닫지 못할 뿐이다.

예수께서 언제 다시 오시는가에 관해서 다니엘서와 계시록의 예언을 해석한 전작을 소개한다. 신구약을 일관되게 관통하는 예언에 대한 최신 해석이다. 증명할 수 없는 개인적 계시를 주장하는 것이 아니고 성경의 기록과 역사적 사실을 근거로 제시하고 있다. 맞고 틀리고의 문제는 시간이 지나야 알 수 있겠지만 성경 공부를 좋아하는 사람에게는 좋은 자극이 될 것이다.

 * 카이로스 2696, 김운길 지음, 담아서 출판

이 해석에 따르면 그 시기는 2696년 9월 18일 저녁 초승달이 뜰 때이며, 장소는 예루살렘 올리브산이다. 유대력으로 환산하면 Tishrei 1, 6457 하나님의 명절인 나팔절이 된다.

이 책 안에는 그리스도의 탄생 시기에 대한 추론도 포함되어 있다. 중세 때 태양교의 동지를 가져다가 엉터리로 만들어진 12월 25일이 아니고, 기원전 6년 5월 31일 밤으로 추정된다.

모든 추론은 성경에 기록된 예언의 말씀과 하나님의 명절이 보여주는 일관된 패턴에 근거하고 있다. 하나님을 사랑하는 그리스도의 제자들이 이 해석에 도전을 받고 성경에 계시된 하나님의 말씀을 더 궁구하길 바란다. 모세 오경 특히 출애굽기와 레위기에 숨겨진 오묘한 시간적 패턴, 다니엘과 스가랴 그리고 요한에 이르기까지 일관되게 계시되는 재림의 예언들, 이 모든 말씀이 하나님의 거대한 구속사를 신비롭게 보여주고 있다.

이는 내가 너희를 향하여 생각하는 그 생각들을 내가 앎이니, 곧 화평의 생각이요, 재앙이 아니라. 기대하던 끝을 너희에게 주리라. 주가 말하노라.

그때 너희가 나를 부르고 너희가 가서 내게 기도하면 내가 너희에게 경청하리라.

너희가 너희의 온 마음으로 나를 찾으려 하면 너희는 나를 찾게 되고 나를 만나리라.(렘 29:11~13)

– 끝 –

지은이

김 운 길

1968년생

서울대학교 경영학과 졸업

주요 저서

『A.D. 2695 다니엘 마지막 퍼즐』
  (2021, CLC)

『A.D. 2695 계시록 첫번째 퍼즐』
  (2022, CLC)

『A.D. 2695 파수꾼의 경고 나팔』
  (2022, CLC)

『카이로스2696』
  (2024, 담아서)